Maria Rosaria Di Palo

Ein Jahr in Montreal

Maria Rosaria Di Palo

Ein Jahr in Montreal

Reise in den Alltag

HERDER

FREIBURG · BASEL · WIEN

Gedruckt auf umweltfreundlichem,
chlorfrei gebleichtem Papier

Originalausgabe

www.herder.de
Satz: Dtp-Satzservice Peter Huber, Freiburg
Herstellung: CPI Moravia Books, Pohorelice 2007
Umschlaggestaltung und Konzeption:
R·M·E München / Roland Eschlbeck, Liana Tuchel
ISBN 978-3-451-05832-5

Inhalt

Dem King von Tooting

Und diese menschliche Liebe (...)
wird jener ähneln, die wir ringend
und mühsam vorbereiten,
der Liebe, die darin besteht,
daß zwei Einsamkeiten einander
schützen, grenzen und grüßen.

Rainer-Maria Rilke

September

„Wir sollten heiraten."

Patrick schaute mich nüchtern an, während er diese nicht ganz bedeutungslosen Wörter aussprach. Ich versuchte gerade, etwas Ordnung in meine winzige Mannheimer Kellergeschosswohnung zu bringen, die von Freunden „der Schuhkarton" genannt wurde.

„Wie bitte?"

„Na ja, wenn wir auf Nummer sicher gehen wollen und du keine Absage von der kanadischen Einwanderungsbehörde riskieren möchtest, dann sollten wir besser heiraten."

Patrick stand mittlerweile in der Küche, in der man sich bestenfalls einmal um die eigene Achse drehen konnte und schenkte sich etwas zu trinken ein.

Wir hatten uns sechs Monate zuvor auf dem Internationalen Filmfestival Mannheim-Heidelberg kennen gelernt. Ich machte Öffentlichkeitsarbeit und hatte unter anderem die wundervolle Aufgabe, Gäste des Festivals zu akkreditieren. Patrick war ein solcher Gast und zwar aus Montreal, Kanada, genauer genommen aus Montreal, Quebec. Auf meine etwas tollpatschige Weise gab ich ihm sofort zu verstehen, dass ich ihn mochte. Denn als ich ihm seine Festivalunterlagen überreichen wollte, fiel ich mitsamt dem improvisierten Tresen des ebenso improvisierten Akkreditierungsbüros auf ihn. Zu dem Zeitpunkt hätte er sich eigentlich noch rettend davonmachen sollen. Da er das nicht tat, kam alles so, wie es kommen sollte.

„Meinst du das wirklich?"

„Ja."

„Aber du fliegst in einer Woche wieder zurück nach Kanada. So schnell können wir das bestimmt nicht organisieren."

„Wie wär's, wenn du als Touristin einreist und wir in Montreal heiraten?"

Ich hatte mir einen Heiratsantrag bis dahin eigentlich romantisch vorgestellt. Mit Kerzenlicht, Musik und Tränen der Rührung. In meiner Vorstellung spielte sich das auch nicht in einer Mannheimer Kellergeschosswohnung ab, die in der Tat nur geringfügig größer war als ein Schuhkarton. Aber betrachtete man das Ganze realistisch, so hatte er natürlich Recht. Denn es war schön und gut, dass ich nach Montreal ziehen wollte, aber würde ich auch so ohne weiteres ein Visum bekommen? Die Vergabe richtete sich nach einem äußerst ausgeklügelten Punktesystem: Sprach man eine der beiden Landessprachen oder sogar beide, dann bekam man Punkte. Kannte man jemanden in Kanada, gab es ebenfalls Punkte. Übte man einen in Kanada raren Beruf aus, so erhielt man Punkte. Aber wenn ich nicht genügend Punkte sammeln und mein Antrag abgelehnt würde? Bei einer Heirat konnte dagegen nichts schiefgehen. Oder waren die Kanadier in Sachen Einwanderung so streng wie die Amerikaner?

Aber das alles spielte an jenem verregneten Tag in Mannheim keine Rolle. Ich machte mich auf in ein kehrwochenloses Land mit unzähligen Bergen, Seen, Wäldern und ich war verliebt – wer denkt da schon an Bürokratie?

***

„Chicken or Pasta?“

Die Flugbegleiterin riss mich unsanft aus meinen Gedanken.

„Gibt es wirklich einen Unterschied?“, hätte ich am liebsten gefragt, stattdessen entschied ich mich für Pasta. Hin und wieder fand ich aufgeweichte Teigwaren toll.

Die Maschine nach Montreal war zum Bersten voll. Offensichtlich war ich nicht die Einzige gewesen, die sich auf die etwas günstigeren Flüge im September gestürzt hatte. Was würden all diese Leute in Montreal wohl machen? Es waren mit Sicherheit nicht viele dabei, die sich aufmachten, einen Kanadier oder eine Kanadierin zu heiraten. Witzigerweise wusste ich, dass es zumindest auf ein weiteres Paar in jenem Flugzeug zutraf. Es waren Bekannte von Patrick, die ebenfalls in London in diese Maschine zugestiegen waren. Sie war Quebecerin, er Franzose. Auch sie wollten ihr gemeinsames Glück nun in Montreal versuchen. Ich kannte sie nur von Patricks Erzählungen, trotzdem schaute ich mir vor allem die Paare im Flugzeug ganz genau an und überlegte mir, wer wohl Lara und François sein konnten.

Ich beneidete diesen François, er würde keine Sprachbarrieren überwinden müssen. Theoretisch jedenfalls. Ich erinnerte mich, dass sämtliche Protagonisten in unseren Französischbüchern in der Schule einen Cousin, eine Tante oder zumindest einen guten Freund in Quebec hatten, und immer wieder kam man auf den „komischen“ quebecer Akzent zu sprechen, den wohl kein normalsterblicher Franzose auf Anhieb verstehen konnte.

Mein Französisch war nun wirklich nicht schlecht. Aber würde ich die Quebecer auch verstehen, wenn sie so „komisch“ redeten? Ich hatte versucht, mich vorzubereiten: Eine ganze Woche lang schaute ich mir jeden Tag die Nachrichtensendung von Radio-Canada an, die auf dem französischen

Sender TV5 um sieben Uhr morgens gesendet wurde. Schon bald verstand ich, warum diese Sendung zu einer solch unchristlichen Zeit ausgestrahlt wurde und in unseren Breitengraden wohl nie besonders hohe Einschaltquoten erreichen würde. Es lag weniger am quebecer „Akzent" als an den Nachrichten an sich. Sicher, es war schockierend, dass in dem Städtchen La Tuque ein Einfamilienhaus niedergebrannt war, dass eine der wenigen Fabriken in der Gaspésie pleitegegangen war und hunderte Menschen in einer weitestgehend landwirtschaftlichen Region ohne Jobs dastanden und die Reinigungskräfte der Stadt Montreal nun in die dritte Streikwoche gingen, aber so richtig mitreißend fand ich das alles damals nicht. Ich gab es auf. Ich würde sie schon verstehen, die Quebecer. Schließlich verstand ich Patrick auch. Meistens jedenfalls.

Der Flug von London nach Montreal dauerte sechs Stunden. Ich hörte irgendwann auf, die beiden Unbekannten ausfindig machen zu wollen, und versuchte, mir mein neues Leben in Kanada vorzustellen. Ich wusste erstaunlich wenig über dieses Land, das immerhin zu den G8-Staaten gehörte. Wenigstens hatte ich herausgefunden, wer der kanadische Premierminister war. Jetzt musste ich nur noch klären, welche der beiden großen Parteien er vertrat. Aber wer kann schon aus dem Stegreif etwas über den kanadischen Premier erzählen? Kanada erregt auf internationaler Ebene nun einmal wenig Aufsehen.

Der ehemalige Premierminister Jean Chrétien hatte einmal gesagt, Kanada sei *„le plus meilleur pays du monde"*, „das *besteste* Land der Welt". Damit stellte er zwei Dinge klar: Er hatte nicht den geringsten Respekt vor dem französischen Superlativ. Und er war stolz auf sein Land, das von der Ostküste zur Westküste – es liegen mehr als fünftausend Kilometer dazwischen – dieselben Werte vertrat und im Bericht des Entwicklungsprogramms der Vereinten Nationen jahrelang als Sieger abgeschnitten hatte. Mehr musste man doch eigentlich nicht wissen.

Was Quebec anging, so war es um meine Kenntnisse noch schlechter bestellt. Ja, da war mal etwas mit Separatismus gewesen. Aber warum eigentlich? Ich würde sicherlich bald einen Crashkurs bekommen. Das dachte ich damals ganz naiv. Heute weiß ich, dass man das nicht einfach so schnell erklärt bekommen kann. Das Ganze ist nämlich ein Fass ohne Boden. Macht man sich trotzdem die Mühe, etwas genauer in das Fass zu schauen, so entdeckt man, dass es nicht etwa nur Kanadier, Quebecer, Separatisten, Föderalisten, Anglophone, Frankophone, Ureinwohner gibt, sondern auch noch eingefleischte Montrealer, die sich weder mit Kanada noch mit Quebec identifizieren können. Letztere Spezies allerdings existiert nur in einfacher Ausführung. Man lernt sie auf Filmfestivals in Deutschland kennen.

***

Ich war froh und nervös zugleich, als das Flugzeug endlich landete. Der Sicherheitsbeamte begrüßte mich freundlich in den beiden offiziellen Landesprachen, *„Bienvenue, Welcome“.*

Das klappte doch prima. Was klagte Patrick denn nur immer so, von wegen in der Praxis funktioniere das überhaupt nicht mit der Zweisprachigkeit.

„Was ist der Grund Ihres Besuches?“

Die Grenzbeamten schienen weniger freundlich als die netten Herren und Damen Sicherheitsbeamten.

„Ich besuche einen Freund.“

„Wie lange bleiben Sie?“

„Drei Monate.“

„Wo wohnt denn Ihr Freund?“

„In der Rue de Bullion, in Montreal.“

Der Beamte musterte meinen Pass nun ganz genau und blickte mich dann forschend an. Ein bisschen mulmig wurde mir. Wie unangenehm, dass meine Reise gleich mit einer Lüge begann. Und wenn er mir nun mehr Fragen stellte, auf die ich keine präzisen Antworten geben konnte?

„Zeigen Sie mir bitte Ihr Flugticket.“

Er nahm meinen Flugschein, begutachtete ihn, musterte meinen Pass noch einmal, dann stand er auf und ging zu dem Beamten in der Kabine daneben. Nun nahmen sie beide meinen Pass in Augenschein, dann mich, wechselten ein paar Worte, und dann kam mein Beamter wieder zurück. Ich fingerte nervös an meiner Tasche, versuchte zu lächeln und blickte ihn so unschuldig wie möglich an.

„Na, dann wollen wir mal hoffen, dass unser Winter Ihnen nicht allzu sehr zu schaffen machen wird. Haben Sie eine warme Jacke dabei?“

Mir fiel ein Stein vom Herzen.

„Ja, habe ich.“

Nein, hatte ich nicht, aber das würde ich erst später erfahren.

Nachdem ich versichert hatte, dass ich nichts, aber auch gar nichts zu verzollen hatte, wurde ich in die Ankunftshalle entlassen. Ich erspähte Patrick sofort. Er wartete nicht etwa alleine auf mich, wie ich mir das nach mehreren Monaten Fernbeziehung gewünscht hätte, sondern mit einem riesigen Empfangskomitee, das allerdings nicht für mich da war, sondern für Lara, die nach einem zweijährigen Frankreichaufenthalt nach Hause kam. Patrick war unschuldig. Er kannte Laras Familie, und es war nun beim besten Willen nicht möglich, sich in der überschaubaren Ankunftshalle des Flughafens in Dorval unsichtbar zu machen.

Offensichtlich waren Lara und François nicht so schnell durch die Passkontrolle und den Zoll gekommen wie ich, denn die kleine Gruppe schaute gebannt in Richtung Ausgang. Ich trat Patrick fast schüchtern entgegen, begrüßte ihn manierlich. Ich fühlte mich beobachtet. In der Tat waren alle Augen auf mich gerichtet; ich stellte wahrscheinlich eine willkommene Abwechslung zum Warten dar. Patrick blickte mich entschuldigend an und flüsterte mir in einem günstigen Augenblick zu, dass wir nur noch auf Lara und François warteten und dann gehen könnten. Auf diese Weise lernte ich also Laras Eltern, Geschwister, Tanten und beste Freundinnen kennen; sie waren alle reizend und sehr freundlich, aber es schien mir einfach nicht der richtige Augenblick, um der gesamten Familie Dussault zu begegnen. Einige Zeit später – es kam mir vor wie eine Ewigkeit – kamen schließlich auch Lara und François heraus und wurden sofort von ihrem Empfangskomitee umzingelt. Hätte ich es nicht besser gewusst, ich hätte vermutet, dass ich mich gerade am Flughafen von Neapel befand, wo sich die Mitglieder einer riesigen Familie nach langer Trennung in die Arme fielen. Wir hatten nicht die geringste Chance, auch nur ein paar Worte mit den beiden zu wechseln. Aber da es mit Sicherheit nicht an Gelegenheiten fehlen würde, sie näher kennen zu lernen, gingen wir langsam zum Ausgang.

***

Es war ein herrlicher Spätsommerabend. Der Himmel schimmerte rötlich in der untergehenden Abendsonne. Die Blätter waren schon leicht gefärbt, rot, orange, gelb, braun. Die Natur bereitete sich auf das wunderschöne Farbenspiel vor, das im Indian Summer seinen Höhepunkt finden würde. Und Patrick und ich machten uns im braunen Ford Escort seiner Mutter auf den Weg in mein neues Heim. Wir rollten gemächlich auf einer dreispurigen Autobahn, die in Deutschland das Herz eines jeden Rasers hätte schneller schlagen lassen. Hier aber schien es keine Rolle zu spielen, dass die Straße frei war und die drei Spuren breiter nicht hätten sein können, man hielt sich eisern an das Tempolimit von hundert Kilometern pro Stunde. Aber so konnte ich mir wenigstens die Landschaft ausgiebig anschauen.

Was ich sah, schien mir sehr amerikanisch: die Straße, die großen Autos und die kleinen Einfamilienhäuser, die die Autobahn säumten und die kaum voneinander zu unterscheiden waren. Ich war gespannt auf die Stadt, der man so viel europäisches Flair nachsagte. Bislang war nicht viel von Europa zu spüren. Wir näherten uns Montreal – mittlerweile durften wir nur noch siebzig Stundenkilometer fahren – und blickten der Skyline entgegen.

„Das ist das Geschäftsviertel Montreals, die Place Ville-Marie, die Börse", sagte Patrick. Im Hintergrund war der Mont Royal zu sehen, ein Hügel mit einer herrlichen Parkanlange mitten in der Stadt.

Patrick hatte mir schon oft erzählt, dass er sehr zentral wohnte, *downtown* sozusagen, und gleichzeitig im Niemandsland. In der Tat war es erstaunlich ruhig dafür, dass wir uns im Zentrum befanden.

„Im September bereiten sich die Montrealer schon mental auf den Winter vor. Es gibt kaum noch Tische draußen auf den Gehsteigen. Der Sommer ist vorbei. Die Leute ziehen sich in ihre Häuser zurück", erklärte er mir.

„Dabei ist doch schönstes Wetter!"

„Im September fängt außerdem die Uni wieder an, die Schule, die Ferien sind vorbei. Du wirst sehen, die vier Jahreszeiten sind hier ganz besonders markant. Frühling, Sommer, Herbst und Winter, Montreal hat eigentlich vier Gesichter."

Es war nun schon etwas dunkler. Wir bogen in die Rue de Bullion ein und hielten vor einem viktorianischen Haus, das mir auf Anhieb gefiel. Patrick wohnte im zweiten Stock. Zum Hauseingang führten diese für Montreal charakteristischen Außentreppen hoch, die im Winter bei Glatteis nur mörderisch sein konnten. Er machte die Tür auf, und es ging noch mal eine Treppe hoch, dann standen wir in der Wohnung. Ich war begeistert. Klar, ich war gerade aus einer Kellergeschosswohnung ausgezogen, aber das hier war auch ganz objektiv und ohne Kellergeschosserfahrung toll. Eine große Altbauwohnung mit Holzböden und bunten Zimmern. Eine Art Amélie-Poulin-Wohnung, nur eben nicht in Paris, sondern in Montreal und etwas nüchterner, da von Männerhand dekoriert und nicht von Amélie Poulin. Betrachtete man das Ganze mit normgeschultem deutschem Auge, so sah man selbstverständlich, dass die Türrahmen allesamt schief waren, der Holzboden vor Kratzern nicht mehr zu retten war, die Fenster wohl nie ausgetauscht worden waren, und man hätte natürlich auch sofort bemerkt, dass der Nachbar viel zu laut Musik hörte – oder die Wohnung viel zu hellhörig war. Aber meine neue Bleibe hatte Charme.

„Wow, die Wohnung ist ja riesig. Wie viel Quadratmeter sind das?"

„Hm, es ist eine Sechseinhalbzimmerwohnung."

„Sechseinhalb? Welches ist denn das halbe Zimmer?"

„Die Toilette. Ich weiß auch nicht, warum das so ist, aber

die Toilette zählt immer nur halb, vielleicht, weil man sich dort nicht so lange aufhält."

„Witzig. Und wie viele Quadratmeter hat die Wohnung?"

„Das weiß ich nicht, wir gehen hier nur nach der Zimmeranzahl?"

„Ist aber unpraktisch. Ein Zimmer kann riesig oder winzig sein. Wie macht man das denn, wenn man auf Wohnungssuche geht?"

„Dann steht in der Anzeige beispielsweise, eine große Viereinhalbzimmerwohnung zu vermieten."

Ich überlegte mir kurz, wer wohl freiwillig eine „kleine Viereinhalb-Zimmer-Wohnung" besichtigen würde. Wahrscheinlich wurden alle Wohnungen als „groß" angepriesen. Aber da wir erst einmal nicht vorhatten, auf Wohnungssuche zu gehen, beließ ich es dabei.

Wir holten die restlichen Sachen aus dem Auto und da fiel mir auf, dass die Haustüre auch außen einen Türknauf hatte, den man problemlos ohne Schlüssel aufsperren konnte. Ganz praktisch eigentlich. So musste man keinen teuren Schlüsseldienst herbeirufen, wenn man einmal gedankenverloren die Tür hinter sich zuzog und erst dann feststellte, dass man den Hausschlüssel auf dem Küchentisch hatte liegen lassen. Endlich hatten wir alles in die Wohnung gebracht und Patrick machte immer noch keine Anstalten, die Haustüre abzuschließen.

„Gehen wir heute noch weg?" Ich war müde, die sechs Stunden Zeitunterschied und die Reise machten sich langsam bemerkbar.

„Hatte ich eigentlich nicht vor. Möchtest du denn noch ausgehen?", fragte er mich leicht verwundert.

„Nein, ich dachte nur, weil du die Türe nicht abgeschlossen hast."

„Ich schließe die Haustüre eigentlich nie ab."

„Ehrlich? Aber die kann man doch ganz einfach von außen aufmachen. Da kann ja jeder hereinspaziert kommen."

„Na ja, ich wohne nun schon einige Zeit hier. Bislang ist noch nie jemand einfach so hereinspaziert gekommen."

„Aber die Möglichkeit besteht."

„Meinst du, ein Serienmörder könnte hereinkommen, uns mit der Motorsäge zerstückeln und unser Fleisch an chinesische Restaurants verkaufen?"

„Zum Beispiel."

„Aktenzeichen XY Ungelöst" hatte mich in den frühen Jugendjahren geprägt und übte offensichtlich immer noch eine nachhaltige Wirkung auf mich aus. Bei den Kanadiern scheint es solche Sendungen nicht gegeben zu haben. Oder sie haben ein unerschütterliches Vertrauen in das Gute im Menschen. Wir wechselten das Thema, aber so richtig entspannen konnte ich mich nicht bei dem Gedanken, dass unsere Türe sämtlichen Psychopathen, Mördern und sonstigen Verbrechern offen stand.

Es besteht kein Zweifel, wir waren und sind ein äußerst diskutierfreudiges Paar, allzeit bereit, die unmöglichsten Themen in den unpassendsten Situationen ausführlich zu besprechen. Aber schließlich kamen auch wir an jenem Abend zur Ruhe, machten es uns im Wohnzimmer gemütlich und feierten unser Wiedersehen.

„Es tut gut, dich nun hier zu haben und nicht immer nur am Telefon mit dir sprechen zu müssen."

„Mhhm." Ich kuschelte mich an ihn heran.

„Vier Monate Telefonbeziehung ... Als ich heute in der Ankunftshalle stand, befürchtete ich schon fast, ein großes Telefon würde aus dem Flugzeug steigen." Er lachte.

So viel zum Thema Romantik.

Oktober

Die nächsten Wochen verstrichen und wir kümmerten uns eigentlich um nichts. Das Einwanderungsformular, das regelrecht nach einer eingängigen Lektüre schrie, vergilbte langsam in Patricks Arbeitszimmer. Die Staubknäuel auf dem Parkettboden mehrten sich, und der Wäscheberg wuchs ins Unermessliche. Das alles ließ uns unbeeindruckt. Wir genossen es, endlich wieder zusammen zu sein, frühstückten lange und ausgiebig – wenn nicht in unserer Staubknäuelwohnung, dann in einem nahe liegenden Café – und schlenderten durch die Stadt. Ich hatte das Gefühl, dass halb Montreal das Gleiche tat. Wahrscheinlich war das nicht so abwegig, denn halb Montreal, so sollte sich herausstellen, arbeitete an irgendwelchen „Projekten“. Jeder war ein bisschen Künstler oder machte sich vor, einer zu sein. Das Gute immerhin an dieser Projekte-Geschichte war, dass man sich seine Zeit selbst einteilen konnte und nicht von neun bis sechs in irgendein Büro schlappen musste – mit der Aussicht auf zwei Wochen Urlaub im Jahr.

Patrick schrieb Drehbücher, damals arbeitete er an einem Kurzfilmprojekt. Parallel dazu jobbte er gelegentlich als Regieassistent bei Dreharbeiten und kümmerte sich um die Schauspieler und Statisten. Ein Dreh nahm ihn manchmal bis zu sechzig Stunden die Woche in Anspruch und zog sich über Wochen hin. Dann hatte er auch wieder über einen längeren Zeitraum frei und konnte sich somit besser auf seine eigenen Projekte konzentrieren und hin und wieder sein großes Telefon spazieren führen.

Als ich in Montreal ankam, schien es der Filmbranche ausgesprochen gut zu gehen, aber wie so vieles in Kanada hängt auch diese Branche stark vom amerikanischen Markt ab. Entschloss sich ein amerikanischer Regisseur dazu, seinen Blockbuster in der quebecer Metropole zu drehen, dann waren die Filmschaffenden gut beschäftigt. Und das kam nicht selten vor, denn in Kanada war nun einmal alles billiger. Warum in New York drehen, wenn man es auch für die Hälfte der Kosten in Montreal konnte?

Die Gastronomie war ein weiterer Bereich, der florierte. Auf den Straßen herrschte ein angenehmes Treiben, das eigentlich nur dann in Stress ausartete, wenn man sich im geschäftigen Westen der Stadt befand – wo überwiegend englischsprachige Quebecer lebten. Wir wohnten im Osten, gerade noch so, aber doch noch im Osten! Und ich schloss ihn bald ins Herz, diesen Osten, wo die Bohème noch existierte, Straßen mit dörflichem Charakter in Boulevards mündeten, Haute Cuisine und Junk-Food bisweilen nebeneinander zu finden waren.

Was unser Viertel betraf, so musste ich bald feststellen, dass man außer guten Hot Dogs und vietnamesischem Essen ab einer gewissen Uhrzeit offensichtlich auch Frauen erstehen konnte – hin und wieder jedenfalls sah man sie an einer Straßenecke auf der Rue Sainte-Catherine Est stehen, und zwar im klassischen Pretty-Woman-Outfit. Fuhr die Polizei vorbei, dann lösten sie sich wie Gespenster im Nichts auf. Das war beeindruckend, wenn man in einer fünftausend Einwohner starken Gemeinde im beschaulichen Baden-Württemberg aufgewachsen war und Sankt Pauli nur vom Hörensagen kannte. Aber dann gewöhnte ich mich dran; sie gehörten zum Straßenbild.

Ich versuchte die ersten Wochen, so viel wie möglich in

mich aufzunehmen, begutachtete aufmerksam mein neues Zuhause und bei aller Begeisterung für das, was ich sah und erlebte, wurde ich das Gefühl nicht los, nur eine Touristin zu sein, die sorglos ihren Urlaub genoss. Es schien alles unwirklich. Manchmal hörte ich sie noch, die gut gemeinten Warnungen meiner Familie und Freunde in Deutschland. Petra, eine langjährige Schulfreundin, war ganz besonders besorgt gewesen, als ich ihr erzählte, dass ich nach Montreal reisen und vielleicht auch erst einmal dort bleiben würde.

„Bist du dir wirklich sicher, dass du das machen willst? Es ist ja schon ein großer Schritt. Und wenn es schiefläuft? Und wenn du nicht gleich eine Arbeit findest, was machst du dann mit der Lücke in deinem Lebenslauf?“ Wie hätte sie das alles auch verstehen sollen? Seit ihrem sechzehnten Lebensjahr stand sie fest im Berufsleben und war kurz davor, sich eine zweite Eigentumswohnung zuzulegen – angeblich, weil das steuerliche Vorteile brachte. Sie leistete sich einmal im Jahr einen Urlaub und landete meistens in Italien – nördlich von Rom. Kein Zweifel, sie war ein toller Mensch, aber wir lebten in zwei vollkommen unterschiedlichen Welten.

„Weißt du, ich bin ein hoffnungsloser Fall und zum eigenen Heim werde ich es sowieso nie bringen, dann kann ich mich wenigstens ein bisschen amüsieren und mir die Welt anschauen, meinst du nicht?“

Diese und ähnliche Antworten erhielten besorgte Freunde und Familienmitglieder, wenn sie mich auf meinen Entschluss ansprachen. Andere wiederum verstanden nicht, warum ich ausgerechnet an die Ostküste Kanadas wollte, wo doch der Westen mit seinen *Rockies* viel attraktiver war. Letztere gehörten zur Kategorie „sehr sportlicher Typ“, die nach einer Radtour stolz von soundso vielen Höhenmetern, der und der Durchschnittsgeschwindigkeit und dem und dem

Accessoire sprachen, das ihre körperliche Leistung noch hervorhob. Sie fuhren sich im Frühling in der Toskana warm, steigerten ihre Leistung im Sommer auf Mallorca, um dann im Spätsommer die Alpen in Angriff zu nehmen. Mir fehlte wohl einfach die Ausdauer, sowohl zum Hauskaufen, beziehungsweise Geld-dafür-Sparen, als auch zum Überwinden schwindelerregender Höhen mit dem Fahrrad. Da wo ich hinziehen wollte, gab es eine der ältesten Gebirgsketten der Welt – die Laurentides, und die waren nur angenehme tausend Meter hoch. Ein Gebirge für die, die das Leben leichtnahmen.

Das eigene Haus mit Garten und Zaun lässt weiterhin auf sich warten, aber ich würde mich jederzeit wieder für die „Lücke" in meinem Lebenslauf entscheiden. Dabei ist Montreal vielleicht nicht einmal die schönste Stadt, die ich gesehen habe. Wer weiß, vielleicht ist sie auch genau deswegen so angenehm. Es spielt keine Rolle, wie man sich anzieht, wenn man durch die Straßen geht, schlicht oder schrill, man fällt nicht auf. Es ist auch fast egal, woher man kommt, man spricht eben eine der über hundertfünfzig Sprachen, die man in der multikulturellen Stadt hört. Es ist nur nicht ganz egal, welche der beiden offiziellen Sprachen man sich als Einwanderer aussucht, denn ohne sich dessen unbedingt bewusst zu sein, bezieht man dadurch Position und entscheidet sich für eine Welt.

***

„Habe ich dir eigentlich schon gesagt, dass wir in einem ehemaligen Freudenhaus wohnen?"

Hin und wieder konnte Patrick mir morgens richtig nette Dinge ins Ohr säuseln, an jenem Morgen aber war ihm nach Plaudern zumute. Ich aber bin ein Morgenmuffel und brauche morgens Zeit, und das war ein eindeutig kein guter Einstieg in den Tag. Also drehte ich mich energisch auf die andere Seite und zog die Decke über den Kopf. Patrick ließ nicht locker.

„Ich meine es ernst, wir wohnen in einem ehemaligen Bordell."

„Ach Mensch, Patrick, ich bin noch müde."

Nach einer Weile jedoch erreichten mich seine Worte, ich setzte mich auf.

„Das ist ja furchtbar, die negativen Schwingungen bekommen wir nicht einmal mit Feng-Shui in seiner pursten Ausführung weg."

„Ach was, das ist doch witzig", erwiderte Patrick und schien es zu meiner großen Überraschung auch noch ernst zu meinen.

„Was bitte findest du an Prostitution witzig?"

„Nein, nicht die Prostitution, die ganze Atmosphäre in den vierziger Jahren, dieses Sinistre, die Prohibition. Ich zeig dir mal was."

Etwas beunruhigt wartete ich nun, was jetzt wohl kommen würde. Manchmal war es ganz eindeutig, dass wir uns doch noch in der Kennenlernphase befanden; dass wir trotzdem im Begriff waren, bald zu heiraten, gab mir manchmal schon etwas zu denken. Aber wann kennt man einen Menschen schon vollständig?

„Hier, schau mal."

Er setzte sich wieder neben mich auf das Bett und schlug ein Buch auf.

Darin war ein Schwarz-Weiß-Foto zu sehen, das ein Haus und ein schwarzes Auto zeigte. Unter dem Bild stand:

„Bordel dans la rue de Bullion, 1938".

Es bestand kein Zweifel, das war tatsächlich unser Haus. Daneben ein Bild der Freudenhaus-Chefin, die Mitte dreißig gewesen sein musste. Mit ihren dunklen, welligen Haaren, ihrer schneeweißen Haut und ihren schwarzen Lippen wirkte sie wie ein Vampir. Nun ja, ein Schwarz-Weiß-Foto eben. Mir kamen Stummfilme in den Sinn, ich sah diese weit aufgerissenen Augen, übertriebene Mimiken, die schnellen Bewegungen, ich musste an Al Capone und die Prohibition, an Charleston und Charlie Chaplin, an Dick und Doof denken.

„Angeblich gab es hier in den Wohnungen Geheimtüren, durch die die Mädchen huschten und entkamen, wenn die Polizei Razzien durchführte", sagte Patrick.

„Und seit wann ist das ein ‚normales' Haus?"

„Seit den fünfziger Jahren, schätze ich. Montreal war bis dahin als freizügigste Stadt Nordamerikas bekannt – sie ist das wohl auch heute noch. Und hier bei uns, ganz in der Nähe vom Hafen, vergnügten sich die Matrosen aus aller Welt, wenn sie anlegten. In den Fünfzigern begann Quebec mit Maurice Duplessis als Premierminister päpstlicher zu werden als der Papst. Unterstützt wurde Duplessis in seiner erzkonservativen Politik von der katholischen Kirche. Der war das Rotlichtviertel in Montreal natürlich ein Dorn im Auge und so riss man viele alte, reizvolle Gebäude und Häuser wie dieses hier einfach ab und baute hässliche Betonklötze. Durch Sozialwohnungen und die Ansiedlung ‚normaler' Menschen sollte der Charakter des Viertels und der Stadt verändert werden.

„Und das hat geklappt?"

„Na ja, wir wohnen auch heute noch im Rotlichtviertel, aber du siehst ja selbst, was daraus geworden ist. Im Übrigen bin ich auf dem Gebiet auch kein Experte, ich erzähle dir auch nur, was ich in dem Buch gelesen habe."

„Klar, du bist natürlich ein Unschuldsengel."

„Jawohl. Aber ich gehe jetzt mal duschen, danach könnten wir vielleicht im ‚Croissant de Lune' frühstücken, ich kann Lara und François anrufen, vielleicht kommen sie auch. Oder hast du vielleicht schon etwas vor?", fragte er hämisch.

Ich warf ihm das Buch hinterher und traf ihn zu meiner Genugtuung gerade noch, bevor er im Bad verschwand. Natürlich hatte ich noch nichts vor, mit wem sollte ich auch was unternehmen? Ich war gerade erst angekommen, da beschränkten sich meine sozialen Kontakte auf Patrick, die Einkäufe im Supermarkt, die immer seltsam endeten, weil ich es nicht gewohnt war, dass mir jemand die Tüten einpackte, und meine Cafébesuche, die immer seltsam anfingen, weil es kompliziert war, einen Kaffee zu bestellen.

Ich hob mein Buch auf und war in Gedanken wieder bei meinem Stummfilm, der sich nun mitten in meiner neuen Wohnung abspielte. Ich versuchte mir diese Gestalten aus den vierziger Jahren vorzustellen, wie sie durch meine Wohnung huschten, die Bordellmutter, wie sie ihre Schäfchen zusammenschrie, und die Polizei, die im Trupp anrückte und über diesen Holzboden polterte. Zugegeben, es war keine äußerst prestigeträchtige Geschichte, die unsere Wohnung vorzuweisen hatte, attraktiver wäre es gewesen, sie hätte einen berühmten Künstler oder einen Revolutionär beherbergt – Letzteres wäre in Nordamerika wohl ganz besonders wünschenswert gewesen –, aber wenigstens hatte sie eine vorzuweisen, und das war doch schon einmal etwas. Und die negativen Schwingungen wurden wohl eher durch unseren dämlichen Nachbarn erzeugt, der zu unmöglichen Zeiten unmöglich laut Technomusik hörte. Über Geschmack lässt sich streiten, ich weiß, aber wer um alles in der Welt hört heute noch Techno?

Tagsüber war vom Rotlichtviertel nicht sehr viel zu spüren. In unserer Straße konnte man eventuell vermuten, dass sich manche Bewohner des uns gegenüberliegenden Sozialbaus ein Zubrot durch illegale Aktivitäten verdienten, ansonsten wohnten hier „normale" Menschen: Berufstätige, Studenten, Rentner, gestrandete Deutsche italienischer Herkunft. Ich hatte keine Angst in diesem Viertel und hätte auch nicht unbedingt darüber nachgedacht, Angst haben zu müssen, wenn mich die Montrealer nicht darauf angesprochen hätten. Nicht selten schaute man mich mit großen Augen an, wenn ich jemandem erklärte, wo ich wohnte. „Was? Hast du dort keine Angst?" oder „Was? Ich wusste gar nicht, dass man dort wohnen kann."

Es war ein seltsames Viertel: Mittendrin war die Université du Québec à Montréal (UQAM); dann gab es Stripteaselokale – und zwar sowohl für die Dame als auch für den Herrn –; normale, bunte Wohnhäuser in den Nebenstraßen; ein paar zwielichtige Videoclubs; verschiedene gute und schlechte Bars; hässliche Sozialbauten; eine bekannte Konzerthalle, das Métropolis; die unvergleichliche Alternativkneipe „Foufounes Électriques", die von außen an eine Geisterbahn erinnerte; ein Pfandleihhaus gleich bei uns um die Ecke. Angst musste man keine haben. Patrick hatte es wahrscheinlich richtig getroffen: Es war Niemandsland.

„Warum hast du mir das heute Morgen eigentlich erzählt, das mit dem Freudenhaus?"

„Na ja, ich habe mir schon lange einmal überlegt, dass man zu Ehren unseres Hauses und unseres verruchten Viertels eine Party geben sollte."

„Das ist jetzt aber nicht dein Ernst, oder?"

„Warum nicht? Irgendetwas, das zum Milieu passen würde – ein Pokerabend zum Beispiel. Die Leute müssten sich im Vierzigerjahre-Stil anziehen, wir stellen ein paar Tische auf und dann wird gepokert, bis in die frühen Morgenstunden. Das wäre doch cool, oder? Wir könnten das so machen, dass die Leute Geld gegen Chips einwechseln und am Ende zahlt die Bank dem Gewinner des Abends einen Batzen Geld aus."

Er schaute mich mit glänzenden Augen an, wie ein siebenjähriger Junge, der mit seinem Vater eine Eisenbahnausstellung anschauen ging. Diese Mottopartys waren, so schien mir, sehr nordamerikanisch. Dazu war man in Deutschland viel zu steif und fantasielos. Aber wenn ich an die Fotos in dem Buch zurückdachte, an die Atmosphäre, die unser tiefrotes Esszimmer ausstrahlte, konnte ich mir das eigentlich ganz gut vorstellen.

„Mal sehen", sagte ich, war aber in Gedanken schon bei meinerm Crêpe pomme-fromage im „Croissant de Lune", wo wir gerne frühstückten. Es befand sich in einem Souterrain und war rustikal eingerichtet. Ein idealer Ort, um allmählich zu französischen Chansons aufzuwachen und sich an das oft grelle Tageslicht und den strahlend blauen Himmel in Montreal zu gewöhnen oder um ewig zu verweilen, wenn es draußen doch einmal trüb und grau sein sollte, oder wenn die Stadt nach einem Schneesturm unter einer riesigen Schneedecke zu verschwinden drohte.

Lara und François saßen schon im „Croissant de Lune", als wir ankamen. Das war ein seltenes Ereignis, später würden ausnahmslos wir auf sie warten, was wiederum Patrick zu verdanken war und nicht mir.

Lara hatte rotbraune Haare, rehbraune Augen, helle Sommersprossen, eine leicht nach oben geschwungene Nase und ich glaube das attraktivste Lächeln, das ich bis dahin gesehen hatte. Sie war aber nicht nur hübsch, sondern auch intelligent und gewitzt, offen und herzlich, lebendig und sprachgewandt, und wenn sie redete – und das tat sie sehr gerne –, konnte man eigentlich nur an ihren Lippen hängen. Bald würde sie außerdem eine lukrative Stelle als Anwältin antreten. Sie hatte wirklich einiges, worauf man als Frau hätte neidisch sein können, aber eigentlich konnte man sie nur gernhaben. Es war jedenfalls verständlich, dass François sein geliebtes Südfrankreich für sie aufgegeben hatte und zweit- oder gar drittklassigen Käse, minderwertiges Baguette und „schlechtes" Französisch in Kauf nahm, um mit ihr zusammenleben zu können.

François war Künstler, nicht irgendein Künstler aus irgendeiner Stadt: Er kam aus Marseille! Zeit bedeutete ihm nicht viel, Geld auch nicht, und so war er mit einem Studentenvisum nach Montreal eingereist, dann würde man weitersehen. Er wägte jedes Wort gründlich ab, bevor er es aussprach, ich hatte das Gefühl, dass es Stunden dauerte, bis er einen Gedanken oder eine Frage formulierte.

„Sag mal, Maria", es folgte eine lange Pause, in der er sich eine Zigarette drehte und währenddessen bedächtig sein Werk und dann mich anschaute, „was machst du eigentlich und was hast du in Deutschland gemacht?"

Das war keine gute Frage. Ein abgebrochenes Studium, weil ich das Gefühl hatte, mich nicht nur auf Sprachen verlassen zu können, sondern auch BWL studieren zu müssen, und eine abgebrochene Karriere, weil ich es nie sehr lange irgendwo aushielt, waren kein guter Gesprächsstoff für ein Frühstück. Ich überlegte, wie ich mich aus der Affäre ziehen konnte, zum Glück kam mir die Bedienung, die Patrick und mich nur allzu gut kannte, dabei zu Hilfe.

„Das Übliche für euch beide? Und was kann ich euren Freunden bringen?" Sie nahm Laras und François' Bestellung auf, zwinkerte uns zu und ging. Es war ziemlich viel los, wie immer am Wochenende.

François wägte seine Worte zu gut ab, als dass er sie vergessen würde, er sah mich immer noch fragend an.

„Nun ja, mit Sicherheit sollte ich irgendwann einmal anfangen zu arbeiten, dazu allerdings brauche ich eine Arbeitserlaubnis und die muss ich erst einmal beantragen." Ich warf Patrick einen bedeutungsvollen Blick zu. „Mal sehen, wo ich dann unterkomme, wäre schön, wenn ich meine Sprachen benutzen könnte."

„Ja, ich muss mir die Papiere mal genauer anschauen, ich hasse diesen bürokratischen Mist. Wolltet ihr denn nicht auch heiraten? Wie lange ist das Studentenvisum denn gültig?" Patrick wandte sich an Lara, François machte nicht den Eindruck, über solche Dinge Bescheid zu wissen.

„Ein Semester, dann kann er verlängern, allerdings kann er das auch nicht ewig machen, mal sehen, vielleicht treten dann auch wir in den Stand der Ehe, vielleicht ist das wirklich das Einfachste."

„Nein, einfacher ist es nicht, nur sicherer, es wird trotzdem jede Menge bürokratischen Krimskrams auszufüllen geben."

Dann kam unser Frühstück. Meine Apfel-Käse-Crêpe sah unwiderstehlich gut aus und so vergaß ich die Sache mit der Heirat kurz, auch wenn das eine Sache war, an der kein Weg mehr vorbeiführte, wie ich fand.

„*Excusez,* kann ich bitte noch einmal Kaffee nachgeschenkt haben?" Lara wandte sich an die Kellnerin.

„Ja gerne, den müssen Sie allerdings bezahlen, wir bieten hier keinen kostenlosen *refill* an."

„Nicht?"

„Nein, tut mir leid. Wollen Sie trotzdem noch einen Kaffee?"

„Ja, selbstverständlich“, antwortete Lara grob.

„Das ist aber komisch. Beim Frühstück bekommt man doch nun wirklich so gut wie überall gratis Kaffee nachgeschenkt, oder?“ Lara wusste guten Service zu schätzen und wenn es einmal nicht so lief, wie sie es sich wünschte, dann verlieh sie ihrem Unmut Ausdruck. Sie hatte ein aufbrausendes Temperament. François hingegen schien außer schlechtem Essen nichts so schnell aus der Fassung zu bringen.

Lara hatte Recht, *bottomless coffee* – mindestens so viel Kaffee in der Tasse, dass man den Tassengrund nicht sehen konnte – bekam man fast immer zum Frühstück. Wieso das im „Croissant de Lune“ nicht so war, wird uns ein Rätsel bleiben. Ansonsten war Lara zufrieden und wir auch.

Lara und François hatten noch etwas vor, und Patrick und ich wollten uns im Parc Lafontaine noch etwas die Beine vertreten. Der Park gehörte zum Szeneviertel Plateau Mont-Royal und war nicht weit entfernt. Er war eine kleine Oase mitten in der Stadt mit einem kleinen See, auf dem man im Winter Schlittschuh laufen konnte. Im Sommer wurden in diesem Park oft Konzerte gegeben. Und im Herbst war es ein unbeschreiblich romantischer Ort, weil die Blätter sich so schön färbten, auf den Boden fielen und ein buntes Mosaik bildeten. Vor uns schlenderte ein eng umschlungenes Paar durch das rötliche Blättermeer, und mir fiel plötzlich wieder die Sache mit der Heirat ein.

„Ich sollte bald anfangen zu arbeiten, den ganzen Tag spazieren gehen, Kaffee trinken und essen gehen kostet Geld, und davon habe ich nicht mehr viel.“

„Was?“

„Ja.“

„Frag doch im ‚Croissant de Lune‘ nach, vielleicht brauchen die eine Kellnerin.“

„Ja, oder jemanden zum Abwaschen in der Küche. Nein, ich dachte eigentlich an einen richtigen Job, weißt du. Aber dazu brauche ich eine Arbeitsgenehmigung und dazu wiederum sollten wir langsam heiraten, damit wir den Antrag wegschicken können."

„Hm."

„Hm? Was ist denn, ich kann nicht ewig hier Touristin sein, das weißt du doch."

„Ja, das mit dem Heiraten – ich weiß auch nicht. Lara und François, die heiraten auch nicht."

„Noch nicht, und er hat ein Studentenvisum und kann wenigstens vor sich hinstudieren. Wieso willst du denn jetzt auf einmal nicht mehr heiraten? Darf ich dich daran erinnern, dass das deine Idee war?" Ich wurde hysterisch, obwohl ich wenige Stunden zuvor selbst noch Zweifel an der ganzen Sache gehegt hatte.

„Ach komm, dramatisier' das doch nicht. Ich meine nur, immerhin haben wir vor zu *heiraten*, überleg' dir das mal."

„Ja, und? Das ist doch nur Bürokratie, wir werden ein paar Papiere unterzeichnen, das war's, das wird nicht viel ändern."

„Und da wirfst du mir vor, unromantisch zu sein. Hast du dir gerade selbst zugehört?"

„Ja, aber – okay es ist natürlich schon etwas Besonderes, ich wandere nicht für jemand x-Beliebigen in ein anderes Land aus. Aber das Heiraten an sich ist eigentlich ein Mittel zum Zweck, deswegen muss man auch nicht so viel Trara drum machen – also in unserem Fall eben."

„Das wird immer romantischer – aber schon gut, ich weiß, was du meinst, wir haben das ja auch schon tausend Mal besprochen und wir machen das wohl auch, aber ohne Feier, ja?"

„Hm – warum willst du eigentlich nicht feiern?"

„Weil es nichts zu feiern gibt, das hast du ja selbst gerade so wunderbar gesagt, besser hätte selbst ich es nicht sagen können."

„Wir müssen doch nicht das Papiere-Unterschreiben feiern, sondern die Tatsache, dass wir zusammen sind, und mein neues Leben hier."

Es war hoffnungslos, zwar meinten wir dasselbe, aber wir brachten es einfach nicht auf einen gemeinsamen Nenner.

***

Es verging eine weitere Woche, in der wir beide in die Welt der Filme abtauchten. Das Filmfestival FCMM *(Festival du nouveau cinéma et des nouveaux média de Montréal)* hatte seine Tore geöffnet. Wir besorgten uns Tickets, arbeiteten uns durch den Katalog und fanden eine beachtliche Anzahl an Filmen, die wir auf keinen Fall verpassen wollten. Die kommenden Tage verbrachten wir hauptsächlich im Kino Ex-Centris, wo die meisten Filme präsentiert wurden – morgens, mittags und abends.

Ein Filmfestival war etwas Besonderes – nicht nur, weil ich Patrick auf einem kennen gelernt habe. Es kam eben nicht alle Tage vor, dass ein Regisseur seinen Film vorstellte, dass man Filmpremieren sah, dass man Werke aus Ländern zu sehen bekam, in denen man gar keine Filmproduktion vermutet hätte, dass man exotische Sprachen hörte und sich mit Untertiteln auseinandersetzen musste. Realität und Filmwelt vermischten sich und für eine kurze Zeit hatte man das Gefühl, auch etwas Besonderes schaffen zu können. Manchmal verlor man auch seine Zeit, aber das gehörte dazu. Auf mich jedenfalls hatte dieses Festival eine motivierende Wirkung und fatale Folgen für Patrick.

„Patrick."

„Hm."
„Ich will jetzt endlich heiraten."
„Alles klar."

Der Palais de justice war ein hässlicher schwarzer Betonblock im sonst sehr reizvollen alten Hafen. Dort mussten wir unsere Heirat anmelden. Wir zogen eine Nummer und saßen schließlich einer kompetenten und gut gelaunten Sachbearbeiterin gegenüber.

„*Bonjour!* Sie möchten also heiraten, was für ein schöner Liebesbeweis, und was für ein hübsches Paar Sie sind! Wissen Sie, ich selbst hatte nie das Glück, den Richtigen zu finden, aber die Hochzeit von meiner Schwester, die werde ich nie vergessen, gewisse Augenblicke im Leben vergisst man einfach nicht …"

„Wir würden gerne erst einmal nur standesamtlich heiraten", gelang es Patrick schließlich einzuwerfen.

„Ja sicher, das andere kann ich hier auch nicht organisieren, wir kümmern uns hier um den offiziellen Teil – das war eben nur ein kleiner Exkurs", erwiderte die Sachbearbeiterin professionell und strahlte uns weiterhin gut gelaunt an.

„Wir kennen uns mit Hochzeiten nicht so aus …"

„Natürlich", antwortete die Dame verständnisvoll, offensichtlich gerührt von Patricks Unbeholfenheit.

„Braucht man unbedingt Ringe?"

„Also, das Gesetz zwingt Sie nicht dazu, nein. Mit Sicherheit ist es eine schöne, symbolische Geste, aber Sie können das natürlich so halten, wie Sie möchten. Es ist schließlich *Ihr* Tag und da sollte Ihnen das Gesetz nicht hineinreden, nicht wahr?"

„Und wie ist das mit den Trauzeugen, sind die vorgeschrieben? Muss man diese kennen?"

„Ja, die brauchen Sie schon, es können allerdings auch

zwei Menschen sein, die Sie auf der Straße kennen gelernt haben", erklärte sie nun doch etwas irritiert.

„Können wir jeweils unseren eigenen Namen behalten oder muss man den Namen des anderen annehmen?" Ich wagte es endlich, mich einzumischen.

„Nein, Sie können Ihre Namen jeweils behalten." Die Sachbearbeiterin fingerte nervös an ihrer Akte herum.

„Kostet das etwas?"

„Ja."

Als wollte sie weitere, seltsame Fragen verhindern und damit einen desaströsen Arbeitstag, sagte sie forsch:

„Ich möchte mich natürlich auf keinen Fall in Ihre Angelegenheiten mischen, aber vielleicht sollten Sie sich das noch einmal gut überlegen, schließlich gehen Sie einen Vertrag ein."

Wir schwiegen.

„Mitte November ist der früheste Termin."

„Ja, das ist gut", erwiderten wir beide wie aus einem Mund.

„Dann sage ich Ihnen noch, welche Dokumente Sie brauchen", fuhr sie nun merklich kühler fort und begann, die Papiere aufzuzählen. Dann blickte sie auf:

„Ach ja, Sie können gerne eine CD Ihrer Wahl mitnehmen, die Sie während der Zeremonie abgespielt haben möchten, aber ich vermute, dass Sie das nicht besonders interessiert."

November

„SAG MAL, WEN NEHMEN WIR DENN ALS TRAUZEUGEN?“, fragte ich Patrick.

„Weiß ich nicht, und ist mir auch egal.“

Er war in seinem Arbeitszimmer über einen Stoß Blätter gebeugt und schaute mich nicht einmal an. Normalerweise hätte ich mich über diese Antwort und die Art und Weise, wie sie gegeben wurde, aufgeregt, aber ich sah, dass er gereizt war, und hielt es für sinnvoller, wieder zu verschwinden und die Diskussion auf später zu verschieben. Ich war gerade im Begriff, die Tür wieder leise hinter mir zuzumachen, als ich einen Riesenknall hörte, begleitet von einem *„ostie de Criss“,* auf Deutsch etwa „verdammter Mist“. Die Flüche verstand ich inzwischen ganz gut. Anders als die Franzosen, bei denen es in Schimpfwörtern häufig um Prostituierte und Sex geht, oder als die Deutschen, deren Schimpfworte eine Fäkalsprache bilden, greifen Quebecer, wenn sie sich ärgern, auf Kirchengeschichte und Liturgie zurück: „Tabernakel“, „Hostie“ oder „Christus“ hieß es dann.

„Was glauben die eigentlich, wer sie sind? Warum sollte ich irgendeinem dämlichen Beamten in Vegreville, Alberta, Bilder von unserer Heirat zuschicken, ihm schildern, wie, wann und wo wir uns kennen gelernt haben, wie sich unsere Beziehung entwickelt hat, ob unsere Eltern bei der Hochzeit anwesend sind und so weiter, das geht die doch echt nichts an! Stellen die einem ‚normalen‘ kanadischen Paar etwa auch solche Fragen? Nein! Also!“

Ich schloss daraus, dass er sich endlich das in Mannheim vorsorglich ausgedruckte Einwanderungsformular näher angeschaut hatte.

„Vegreville, Alberta, wo ist das denn?"

„Du sagst es: ‚Wo ist das denn?' – Tja, dort muss der ganze Kram hingeschickt werden. Die spinnen doch."

„Die" – das waren die Kanadier und ich hörte das nicht zum ersten Mal. Wenn etwas schlecht lief, waren es „die Kanadier". Sogar Patrick, der nicht separatistisch eingestellt war oder sich zumindest nicht so zeigte, neigte zu dieser Reaktion. Ich verstand nicht richtig, wie er sich über die Sache so aufregen konnte. Das war eben Papierkram – aus nicht unbedingt ersichtlichen Gründen mit viel Zeitaufwand verbunden, in Ordnung, aber letztendlich doch nur Bürokratie.

„Das ist nicht nur Bürokratie, das ist fast schon Rassismus, und dabei geben sie sich so multikulturell und offen. Wieso kann ich nicht jemanden im Ausland kennen lernen und hier heiraten, ohne haufenweise Beweismaterial und Fotos einsenden und beweisen zu müssen, dass wir ein richtiges Paar sind und du nicht etwa nur gekommen bist, um dich hier niederzulassen und das System des tollsten Landes der Welt auszubeuten!"

„Wahnsinnig freundlich ist das nicht, aber immerhin haben wir uns für diesen Weg entschieden. Ich hätte auch einen normalen Antrag zur Einwanderung stellen können, wir wollten eben auf Nummer sicher gehen, das haben *die* uns nicht vorgeschlagen. In anderen Ländern ist das wahrscheinlich genauso. Außerdem hätte man sich das Formular auch einmal früher anschauen können und nicht gerade zwei Wochen vor dem Hochzeitstermin. Sag bloß, du willst das auf einmal aus politischen Gründen nicht mehr machen! Und außerdem du bist doch selbst Kanadier. Willst du jetzt etwa eine Revolution ins Leben rufen?"

„Wäre vielleicht eine Überlegung wert."

„Kann das nicht warten, bis wir geheiratet haben? Dann kann ich hier arbeiten, während du Revolution machst." Patrick war nicht zum Lachen zumute.

„Außerdem ist das sowieso zum Scheitern verurteilt, bei einer vorgeblich separatistischen Bevölkerung, die bei einem Referendum zur Unabhängigkeit mit 50,58 Prozent dagegen stimmt, kann ich dir nur viel Glück wünschen, weiß der Kuckuck, was die mobilisiert. Es ist doch auch egal, unter welcher Regierung man Formulare ausfüllen muss, ob Kanada oder Quebec, wo ist der Unterschied?"

„Das ist mir ehrlich gesagt auch egal. Aber es kann mir nicht egal sein, dass ich irgendeinem dämlichen Beamten in Vegreville, Alberta – mit dem ich ungefähr so viel gemeinsam habe wie mit einem Frosch –, Dinge erzählen soll, die ich noch nicht einmal meinem besten Freund erzählen würde! Außerdem habe ich gerade gelesen, dass ..."

Ich hörte nicht mehr zu.

„Also weißt du, wenn du das nicht einmal deinem besten Freund erzählen würdest, dann habe ich hier vielleicht auch nichts verloren!" Ich schlug die Tür hinter mir zu, griff im Flur nach meiner Jacke und rannte die Treppen hinunter.

Ich wusste nicht einmal, wohin ich mich flüchten sollte. Zu Hause hatte man so seine Orte, an die man sich zurückzog, wenn es einem schlecht ging, aber wohin ging man in einem fremden Land?

Ich ging los, planlos und wütend. Zuerst versuchte ich, in einen Bus einzusteigen, der an der Haltestelle stand, als ein Typ mich darauf aufmerksam machte, dass die Schlange sehr viel weiter hinten endete. Ich entschuldigte mich. Tatsächlich standen da einige Leute in Reih und Glied und stiegen wie brave Schäfchen eines nach dem anderen in den Bus ein. Diese geordneten Schlangen an den Bushaltestellen waren mir schon aufgefallen und hatten mich schwer beeindruckt. Da wo ich herkam, bildeten sich sofort Menschenknäuel vor den Bustüren. Hier schienen sie glücklich und zufrieden in ihrer Warteschlange. Ich konnte mich jetzt unmöglich hinten anstellen und geduldig darauf warten, eingelassen zu werden, dem Busfahrer dann noch einen schönen Tag wünschen und mich für die Fahrt bedanken, wie das hier üblich war. Dann eben nicht mit dem Bus, dann eben mit der U-Bahn. Ich war sauer und enttäuscht. Wie konnte er nur so etwas sagen, er musste doch wissen, dass das verletzend war. Immerhin war ich für ihn nach Montreal gekommen. Was sollte das jetzt? Vielleicht hatte Petra Recht und das Ganze würde schieflaufen und sich zu einer riesigen Lücke in meinem Leben entwickeln. Mein Blick war auf den Boden gerichtet, deswegen merkte ich zunächst nicht, dass die U-Bahn-Station geschlossen war. Es konnte sich nur um eine Verschwörung handeln. Unschlüssig trat ich von einem Bein aufs andere und überlegte, was ich nun tun sollte und vor allem, wohin ich gehen sollte. Wenn man einmal die Türe hinter sich zuschlägt, kann man schließlich nicht fünf Minuten später wieder zurückkommen, dann ist die ganze Wirkung dahin.

„Ça va pas ben.“

Ich hatte nicht richtig verstanden, ich verstand überhaupt oft nicht richtig, das war wirklich nicht so einfach mit diesem *Québécois*. Ich drehte mich um, hinter mir stand der Typ aus der Buswarteschlange, der mich vorher so angefahren hatte.

„Irgendwie sitzen wir hier heute fest. Erst hat der Bus eine Panne, dann fährt die U-Bahn nicht.“

„Ach, der Bus fährt auch nicht?“

„Nein. Woher kommst du denn?“

Ich nahm das nicht unbedingt als Kompliment für mein Französisch, wenn sofort, nachdem ich meinen Mund aufgemacht hatte, gefragt wurde, woher ich kam. Aber ich durfte mir wohl keine Illusionen machen, ich würde mich wohl nie wie eine richtige Quebecerin anhören.

„Aus Deutschland, aber ich bin Italienerin."

„Hört sich kompliziert an."

„Ja, und das ist nur der Anfang. Ich bin ausgewandert, um einen Kanadier zu heiraten, der schwächelt jetzt aber." Es gehörte eigentlich nicht zu meinen Gewohnheiten, wildfremden Menschen solche Dinge zu erzählen.

„Ça va vraiment pas ben."

Das fand ich auch, dass das alles ziemlich schlecht lief.

„Und dann funktionieren die öffentlichen Verkehrsmittel nicht."

„Ist wohl nicht dein Tag."

Ich musste lachen, das war das Mindeste, was man sagen konnte.

„Na ja, wenn wir nicht von der Stelle wegkommen, können wir dort drüben vielleicht einen Kaffee trinken gehen? Es ist ja auch ziemlich kalt."

Es war wirklich frisch, aber ich war eigentlich nicht in Plauderstimmung. Andererseits wollte ich auch noch nicht nach Hause, und er machte einen sympathischen Eindruck. Ich zögerte.

„Ganz unverbindlich natürlich."

„Hm, ja – warum nicht."

Das Café hatte den Stürmen der Zeit getrotzt. Das Mobiliar schien noch aus der Zeit der Prohibition zu stammen, vielleicht hatte Duplessis vor fünfzig Jahren hier gelegentlich einen Kaffee getrunken, während die Polizei Razzien in unserem Haus durchführte. Aber wir hatten eine einwandfreie Sicht auf die U-Bahn und würden sehen, wann diese wieder fuhr.

„Kommst du oft hierher?"

„Wann immer es die Zeit zulässt", lachte er, „ich heiße übrigens Marc."

„Maria."

Marc brachte zwei Tassen Kaffee, bei denen man den Tassenboden sah, obwohl sie voll waren.

„Mit welcher U-Bahn musst du denn nachher fahren?"

„Ach so, keine Ahnung."

„Aber wo wolltest du denn hin?"

„Das weiß ich nicht so genau. Ist aber auch nicht so wichtig, ich gehe nach dem guten Kaffee wieder nach Hause."

„Aha."

„Und du?"

„Ja, ich gehe arbeiten."

„Was machst du denn?"

„Nachher gehe ich zur SAQ, zur *Société des alcools du Québec,* falls du das Kürzel noch nicht kennst, dort arbeite ich als Aushilfe, ansonsten bin ich Lehrer."

Ein Lehrer, der bei der staatlichen Alkoholgesellschaft jobbte – eine seltsame Mischung, fand ich.

„Tatsächlich? Welche Fächer und für welche Klassen?"

„Französisch und Erdkunde."

„Macht es Spaß?"

„Ja, meistens, hin und wieder ist es auch nervtötend. Arbeitest du hier?"

„Nein, noch nicht, dazu brauche ich erst eine Arbeitsgenehmigung, offiziell bin ich eine Touristin – wer weiß, vielleicht bleibe ich das auch, wenn die Heirat platzt."

„*Ça va ben aller* – das wird schon."

„Na ja, wenn die Hochzeit stattfinden sollte und du nächsten Mittwoch um drei Uhr nichts vorhaben solltest, kannst du auch gerne mein Trauzeuge sein, ich habe sowieso noch keinen."

Marc verschluckte sich vor Überraschung an dem herrlich dünnen Kaffee.

„Vielleicht solltest du solche Dinge mit deinem Freund besprechen."

„Nee, das ist schon in Ordnung, ihm ist das angeblich egal." Ich musste wieder an die Diskussion mit Patrick denken, wurde traurig und wollte sofort nach Hause.

„Ich muss los."

„Du hast den guten Kaffee noch gar nicht ganz ausgetrunken."

„Ja, man soll immer dann aufhören, wenn es am schönsten ist. Eigentlich heißt es ja, man soll gehen, wenn es am schönsten ist. Sagt man das auf Französisch auch?"

„Nein, ich glaube nicht. Wir verstehen aber auch nicht viel von Kaffee."

„Jedenfalls werde ich den Kaffee hier so schnell nicht vergessen. Danke für die Einladung."

„Ja dann vielleicht bis zu deiner Trauung – im Palais de justice, nehme ich an."

„Ach so", ich hatte das nicht ernst gemeint, aber es dauert eben seine Zeit, bis man Humor oder Verzweiflung in einer Fremdsprache gut rüberbringt. „Ja, warum auch nicht? Bis dann."

Ich ließ den verdutzten Marc im Café zurück und bereute sofort, was ich getan hatte. Wer wusste schon, was er für ein Mensch war. Na ja, er würde wahrscheinlich sowieso nicht kommen – und wenn doch? Vielleicht konnte man die Hochzeit verschieben. Aber dann würde sich das mit meiner Aufenthaltsgenehmigung noch länger hinauszögern. Nun gut, ich konnte es nicht mehr rückgängig machen, außerdem gab es eventuell gar keine Hochzeit mehr.

Als ich in unsere Straße kam, sah ich Patrick schon auf unserer Treppe sitzen.

„Tut mir leid", sagte er zerknirscht, „ich hasse es, mich mit so einem Mist auseinandersetzen zu müssen, aber das hat nichts mit dir zu tun, wirklich nicht."

Und nach einer kurzen Pause, in der er mich furchtbar lieb anschaute und ich mir überlegte, wie ich ihm das mit dem Trauzeugen wohl erklären würde: „Natürlich habe ich meinem besten Freund sofort von dir erzählt."

„Ist schon gut, ich habe vielleicht ein bisschen überreagiert. Lust auf einen Kaffee?"

„Second Cup?"

„Second Cup."

Es handelte sich um eine Art kanadisches „Starbucks" und es gab an jeder Ecke eines davon. Ich mochte das Konzept eigentlich gerne. Man fand immer einen guten Grund, dort hin zu gehen. Im „Second Cup" war jede Alters- und Sozialschicht vertreten: die siebzigjährige Großmutter, die mit ihren Freundinnen nach einer Partie Bingo schnell noch einen Kaffee trinken ging; Studenten, die gerne mehrere Stunden am gleichen Kaffee nippten und ihre Semesterarbeit tippten oder Solitaire spielten; Künstler, die über oh-so-interessante, bevorstehende Projekte sprachen; Arbeitslose, die im *Journal de Montréal* blätterten und es nicht fassen konnten, wie schlecht die Welt war; Arbeitgeber jeglicher Art, die ihre Vorstellungsgespräche dort führten; Singles, die sich mit ihren Blind-Dates trafen. Die Garderobe spielte keine Rolle – auch nicht wie lange man dort saß und ob alleine oder in Begleitung. Alles war ganz locker, vorausgesetzt man hatte sich an das recht komplexe Prozedere der Kaffeebestellung gewöhnt. Denn man bestellte hier nicht nur einfach einen Kaffee und war zufrieden, sondern hatte die Wahl zwischen etlichen Sorten: mild, brasilianisch, fair trade, würzig, kolumbianisch, äthiopisch, groß, klein, mittel, zum Mitnehmen oder Hiertrinken. Wenn einem das zu einfach war, konnte man den Kaffee noch mit Sahne, Karamell, Milch, Marshmallows und Smarties kombinieren. Es war kompliziert gewesen, aber eines Tages erschloss sich mir die Welt des „Second Cups". Und als ich das erste Mal eine ordentliche Bestellung aufgab, ohne dass es größere oder kleinere Missverständnisse und Sprachprobleme gab und sich hinter der Theke eine Traube „Second-Cup"-Personal und hinter mir eine Schlange ungeduldiger Stammgäste bildete, lächelte mich Jérôme – das stand auf seinem Namensschild und er hatte des Öfteren das Vergnügen gehabt, mich zu bedienen – erleichtert an, als wollte er sagen: „Es gibt noch Hoffnung in dieser Welt."

„Zwei kolumbianische Kaffee, mittlere Größe, zum Hiertrinken bitte."

Patrick war von meiner Trauzeugenaktion nicht besonders begeistert. Ich auch nicht, aber das konnte ich nicht so einfach zugeben.

„Ich dachte, dir ist egal, wen wir als Trauzeugen haben."

„Ja, gut, aber deswegen musst du nicht gleich jemanden nehmen, mit dem du flirtest."

„Wir haben überhaupt nicht geflirtet. Du hättest mal das Café sehen sollen, da kann man nicht flirten, außerdem war ich überhaupt nicht in Flirtstimmung. Ehrlich gesagt weiß ich auch nicht, wie ich auf die Idee gekommen bin, aber nun ist es eben so, vielleicht kommt er auch gar nicht. "

„Eigentlich verdienst du es jetzt nicht mehr, aber ich hatte eine Idee bezüglich unserer Heirat."

„Ja?"

„Die Sache mit dem Pokerabend ging mir noch mal durch den Kopf. Wollen wir das nicht im Anschluss an die Hochzeit machen, als Feier sozusagen? Thema: Poker und Vierzigerjahre?“

„Hochzeit und Glücksspiel?“

„Wäre doch mal was anderes. Immigration Canada hin oder her, jeden Tag heiratet man schließlich doch nicht, wenn man auch nur Papiere unterschreibt.“ Ich wäre ihm am liebsten um den Hals gefallen, aber dann wären wir vielleicht doch auch im „Second Cup“ aufgefallen – und das wollte ich natürlich nicht.

„Ich glaube, wir müssen uns nicht bemühen, uns etwas anderes einfallen zu lassen, die ganze Situation kommt mir schon skurril genug vor. Aber gut, warum nicht, könnte witzig werden. Übrigens solltest du lieber zwei Trauzeugen organisieren, falls meiner nicht kommt.“

„Ja, hoffentlich kommt der nicht, was hast du dir nur dabei gedacht?“

„Ich war sauer.“

„Ich auch, aber nicht deinetwegen.“ Patrick zog ein langes Gesicht. „Die Sache ist nämlich die, so sicher, wie wir dachten, ist das nicht. Das wollte ich dir vorher eigentlich noch erklären. Wenn sie unsere Geschichte nicht glauben, dann können sie dir die Aufenthaltsgenehmigung auch verweigern – Heirat hin oder her.“

„Was?“

„Ja.“

„Aber ich dachte, das wäre die sicherste Art und Weise, einzuwandern.“

„Das dachte ich auch. Aber ich gehe davon aus, dass es klappt. Es ist ja auch keine Scheinehe, wir haben also nichts zu befürchten. Das heißt, ja, es ist schon eine Scheinehe, aber wir sind ein richtiges Paar.“

„Du meinst, wir lieben uns."

„Genau, wir lieben uns. Aber sollten sie Zweifel an der Richtigkeit unserer Liebesgeschichte hegen, dann können sie uns getrennt zu einem Gespräch einladen und dich im schlimmsten Fall mit dem nächstbesten Flieger nach Hause schicken, wenn sie gar nicht überzeugt sind."

„Hört sich an wie in einem schlechten amerikanischen Film."

„Zwischen Vegreville, Alberta, und den USA ist auch kein großer Unterschied mehr."

„Ihr seid natürlich anders."

„Mit Sicherheit anders als Vegreville, Alberta, und mit Sicherheit anders als die USA."

Im Herzen waren sie alle separatistisch, manche eben ganz tief drin.

„Meinst du nicht, dass die Beamten etwas stutzig werden, wenn auf unseren Hochzeitsbildern alle Kostüme anhaben?"

„Also ich find's zum Schreien. Und in Vegreville, wo immer in Alberta das auch sein mag, werden sie denken, dass das der letzte Schrei in Montreal ist. Ich glaube nicht, dass das einen großen Unterschied machen wird. Das wird sie vielleicht nur in ihrer Überzeugung bestätigen, dass wir spinnen, wir Quebecer."

„Haben die Quebecer in der Auswahl ihrer Einwanderer nicht auch noch ein Wörtchen mitzureden?"

„Doch, in unserem Falle entscheidet erst Immigration Canada über unseren Antrag, dann kann sich Quebec immer noch dagegen entscheiden."

„Na, das ist ja ganz super."

„Ça va ben aller."

***

Die Woche verging schnell. Die Hochzeitsvorbereitungen nahmen unsere gesamte Zeit in Anspruch. Schließlich wollte eine Pokerhochzeit auch richtig organisiert sein. Wir kauften Geldchips und Karten, organisierten einige Tische, damit auch in jedem Zimmer gepokert werden konnte, und mischten uns eine Pokerhochzeitsabends-CD, damit Vierzigerjahre-Atmosphäre aufkommen konnte. Und natürlich brauchten wir selbst passende Kostüme, die besorgten wir uns in einem eigens für solche Anlässe ausgestatteten Laden.

Dass Montreal eine Film- und Partystadt war, sah man auch daran, dass sich solche Läden über Wasser halten konnten. Ich fand das fantastisch, ein riesiger Lagerraum voller Kostüme, Perücken, Accessoires – vom klassischen Audrey-Hepburn-Look bis zum geschmacklosen Neonlook der achtziger Jahre –, hier wurde jeder fündig. Patrick fand schnell einen Anzug mit Blues-Brothers-Schnitt und eine passende Sonnenbrille. Ich hätte noch Tage durch die Halle schlendern können und konnte mich mal wieder nicht entscheiden.

Eine Hochzeit in Weiß kam nicht in Frage, ich weiß nicht genau, wann ich mich dagegen entschlossen hatte. In jedem Falle muss es nach meiner Erstkommunion gewesen sein, denn da war ich auf mein weißes Kleidchen noch sehr stolz gewesen. Auch wenn ich heute bei Hochzeiten zu Gast bin, bin ich durchaus gerührt. Nur mich selbst kann ich mir nicht in einem weißen Kleid vorstellen und noch weniger in weißen Schuhen, das geht einfach nicht. Es wird wohl der Ethikunterricht gewesen sein, der mich vom rechten Weg abgebracht hat.

„Kann ich dir helfen?"

„Mhhm, nein, das heißt, vielleicht doch."

„Was brauchst du denn für ein Kostüm?"

Eine Frau, die dort arbeitete, hatte meine Faszination für Schnickschnack als Hilflosigkeit interpretiert.

„Na ja, ich suche etwas im Zwanziger- oder Vierzigerjahre-Stil, das man auch gut zu seiner Hochzeit tragen kann."

Sie musste offensichtlich schon ausgefallenere Sachen gehört haben, denn ohne mit der Wimper zu zucken, ging sie auf einen Ständer am anderen Ende der Halle zu.

„Hier müsste etwas dabei sein. Wie findest du das?"

Sie streckte mir ein fliederfarbenes Kleid aus glänzendem Material entgegen. Es war gerade geschnitten, ging bis zu den Fußknöcheln und wirkte trotz des glänzenden Stoffes sehr schlicht. Ich blickte sie dankbar an und verschwand in der Kabine. Die Kostümdame verstand etwas von ihrem Job. Normalerweise musste ich mich mühsam durch die Läden arbeiten, um ein passendes Kleidungsstück zu finden – zumal ich mich auch nie entscheiden konnte. Vielleicht sollte ich häufiger die Hilfe der netten Verkäuferinnen in Anspruch nehmen, wenn ich mir selbst nun einmal nicht zu helfen wusste, und sie nicht kategorisch ablehnen, und vielleicht war das hier das perfekte Land, um das auszuprobieren. Äußerst zufrieden machten wir uns beide zur Kasse auf.

„Wir nehmen beide", sagte Patrick.

„Wie lange?"

„Bis Sonntag dürfte reichen."

Die Party war im vollen Gange, mindestens vierzig Leute saßen im ehemaligen Freudenhaus der Rue de Bullion, in allen Zimmern wurde gepokert, Whiskey, Bier und Wein getrunken. Einige Damen standen geschminkt und mit wagemutigem Dekolleté als Glücksbringer hinter ihren Männern. Manche hatten es sogar geschafft, Zigarettenhalter zu besorgen. Auch ein paar Damen versuchten sich im Glücksspiel.

Ich hatte es ebenfalls versucht und einen Riesenspaß gehabt, aber es stellte sich schnell heraus, dass ich eine miserable Strategin war, und alleine mit Bluffen kam man nicht weit. Keine zwei Stunden nach Beginn der Party hatte ich mein Vermögen – immerhin zwanzig Dollar! – verspielt und stellte mich nun brav hinter meinen Gatten oder wandelte von Tisch zu Tisch und schaute den besseren Strategen zu. Im Hintergrund lief Ella Fitzgerald. Nach einer Weile goss ich mir einen Glas Whiskey ein, setzte mich hin und dachte darüber nach, wie der Tag begonnen hatte.

Am Morgen waren Patrick und ich betont gelassen. Er arbeitete an seinem Kurzfilmprojekt, während ich mich daranmachte, unseren unansehnlichen weißen Esszimmertisch abzuschleifen. Hin und wieder ging ich an unserem Schlafzimmer vorbei und warf einen Blick auf mein „Hochzeitskleid". Ich hatte wirklich nie vermutet, dass ich eines Tages einen Kanadier heiraten würde, in Montreal, mit einem unbekannten Trauzeugen und einer Pokerabendfeier im Anschluss. Irgendetwas haben meine Eltern wohl falsch gemacht oder es war tatsächlich der Ethikunterricht ... Ich blickte kurz in Patricks Büro und sah, dass er Solitaire spielte – das machte er immer „zur Entspannung". Auch er war nervös. Dann zogen wir uns beide wortlos an und machten uns ohne Ringe, aber mit Polaroidkamera und CD auf den Weg zu unserer Trauung. Wir liefen über den Boulevard Saint-Laurent, durchquerten Chinatown und bogen zum Palais de justice ab.

Von Patricks Trauzeugen war weit und breit nichts zu sehen – er hatte für den Fall der Fälle zwei bestellt –, aber Marc war da! In Anzug und Krawatte stand er vor dem Rathaus und wirkte etwas verloren. Ich begrüßte ihn, Patrick suchte währenddessen das Rathaus nach seinen Freunden ab.

„Ich hätte nicht gedacht, dass du wirklich kommst."

„Hätte ich nicht kommen sollen? Ich war mir nicht sicher, ich kann auch wieder gehen, das ist gar kein Problem, ich kann das schon verstehen."

„Nein, nein, ich finde es toll, dass du da bist. Danke."

Patrick kam zurück, ohne Trauzeugen.

„Patrick, das ist Marc, Marc, das ist Patrick."

Patrick wurde immer nervöser. Es blieb nur noch sehr wenig Zeit, und wir machten uns auf in Richtung Saal. Die Anwältin begrüßte uns freundlich, sie trug eine Kutte, die mich an amerikanische Universitätsabsolventen erinnerte.

„*Bonjour*. Haben Sie Ihre eigene Musik dabei?"

Patrick gab ihr unsere CD. „Lied Nummer vier, bitte."

Wir hatten uns für das Lied *Around the World* von Daft Punk entschieden, aus romantischen Gründen, denn dieses Lied war im Hintergrund gelaufen, als wir das erste Mal zusammen ausgegangen waren, und die wenigen Worte, aus denen das Lied bestand – nämlich genau die, die im Titel vorkommen –, ließen sich perfekt auf unser Leben übertragen.

Die restlichen Trauzeugen tauchten schließlich in letzter Sekunde auf. Ich behielt Marc als Trauzeugen, denn ich fand es rührend, dass er gekommen war. Ich fand überhaupt alles rührend und brach fast in Tränen aus, auch ohne weißes Kleid und weiße Schühchen. Die Anwältin legte die CD ein. Sie hatte eine ruhige, angenehme Stimme und offensichtlich machte sie das nicht zum ersten Mal, denn sie sagte ihren Text frei auf. Hin und wieder verschwand ihr Kopf hinter dem Pult und die Musik wurde leiser, Daft Punk gefiel ihr wohl nicht so sehr. Und dann kam der Augenblick, den wir den ganzen Tag zu verdrängen versucht hatten, weil er doch ein bisschen Angst machte und weil er überwältigend war:

„Möchten Sie, Monsieur Patrick Parenteau, die hier anwesende Maria Rosaria Di Palo aus freiem Willen zur Frau nehmen, lieben und ehren, dann antworten Sie mit ‚Ja'."

„Ja."

„Möchten Sie, Madame Maria Rosaria Di Palo, den hier anwesenden Patrick Parenteau aus freiem Willen zum Mann nehmen, lieben und ehren, dann antworten Sie mit ‚Ja'."

„Ja."

„Ich erkläre Sie hiermit zu Mann und Frau."

Dezember

„*Non mais, y fait-tu frette rien qu'un peu?*"
„*Pardon?*"
„*Y fait-tu frette rien qu'un peu?*"

Wenn ich heute darüber nachdenke, kommt es mir unvorstellbar vor, dass ich diese einfache Frage nicht verstanden habe. Dabei war ich im vollen Besitz meiner geistigen Kräfte, als ich mit Marc im „L'Utopik" saß. Aber es war tatsächlich so, auch beim zweiten Mal kamen seine Worte nicht vollständig bei mir an. Und weil es mir peinlich war und ich ihn nicht noch einmal wiederholen lassen wollte, lächelte ich und tat so, als wäre ich mit der Karte und der Bestellung beschäftigt. Dabei hätte das Menu nicht einfacher sein können. Mit Schafskäse oder Camembert überbackenes Baguette, Suppen, Sandwiches und Pizza, alles natürlich sehr biologisch. Es war gemütlich im „L'Utopik", die Möbel und Tische bunt durcheinandergewürfelt, hier und da wurde Schach oder Backgammon gespielt, in einer Leseecke lasen und rauchten ein paar sehr intellektuell aussehenden Gäste. Das gab es nicht mehr sehr oft in Montreal, nicht in dieser extremen Form – ich meine natürlich den Rauch, nicht die Intellektuellen.

Non, mais y fait-tu frette rien qu'un peu liest sich fast wie normales Französisch, mal abgesehen von dem nachgestellten Personalpronomen *tu*, du, und dem Adjektiv *frette*, kalt, das es im Französischen schlichtweg nicht gibt oder nicht mehr gibt. Aber im Munde eines Quebecers verselbständigten sich diese Worte irgendwie; meine Ausweichtaktik schlug fehl. Marc schaute mich immer noch erwartungsvoll an.

„Na ja, bei euch wird es wohl auch strenge Winter geben, dann ist das hier nichts Besonderes für dich."

Und da endlich hörte ich *frette* heraus und verstand, worum es sich nur handeln konnte.

„Ach so – nein, so kalt wie hier wird es nicht, minus fünf Grad ist für uns schon kalt."

„Das ist ja gar nichts, bei uns kann es auch einmal bis zu minus dreißig oder vierzig Grad werden, wenn man den Wind mit berücksichtigt."

„Ja, das hat man mir schon erzählt. Dafür ist es bei uns feucht und grau. Das gab es hier bislang nicht so häufig, und immerhin befinden wir uns mitten im Winter."

„Der kann schon einmal bis April gehen. Das heißt, wir haben noch einiges vor uns. Aber bislang hattest du Glück, bislang war es mild."

Meine Vorstellungen von milden Temperaturen im Winter lagen bei zehn Grad, an jenem Tag waren es laut Météo-Média – 24 Stunden pures Wettervergnügen im Fernsehen – immerhin minus fünf Grad – ohne den berühmten Wind.

Der Winter und das Wetter sind zentrale Themen im Leben der *Québécois*, und zwar im Leben aller *Québécois*, ob separatistisch, föderalistisch oder gleichgültig. Und dass ihnen der Winter so am Herzen liegt, ist vollkommen verständlich, er beschäftigt sie schließlich jedes Jahr fünf Monate lang. „Mein Land ist kein Land, mein Land ist der Winter", heißt es in einem Lied des quebecer Chansonniers Gilles Vigneault. Und diesen Winter verbringt der *Québécois* mit Fluchen über den Eisregen, über den grässlichen Wind, über Temperaturen unter null, über den Schneesturm, über den Schneematsch, über das Schneeschippen, über das Parken am Straßenrand, das zum Problem wird, wenn die Schneeräummaschinen ihren Schnee dort aufhäufen. Dass sie in einem nordischen Land wohnen, scheinen sie ebenso wenig akzeptieren zu wollen, wie dass sie Kanadier sind. Wogegen sie sich wohl zuerst erfolgreich auflehnen werden? Aber wenn sie Außenseitern, Einwanderern wie mir, von ihrem Winter erzählten, wenn sie ihnen klarmachten, dass sie keine Ahnung hatten, was wahre Winterkälte bedeutete, dann sah man ein Leuchten in ihren Augen – das allerdings fehlte, wenn es um Kanada ging.

Auch mir würde er inzwischen fehlen, der wunderbare Winter. Es ist, als würde man sich monatelang in eine Höhle zurückziehen, als ob mit Sicherheit irgendwann einmal alles gut würde, und wenn nicht, dann verkriecht man sich eben tiefer in seiner Höhle. Man geht abends im knirschenden Schnee nach Hause und kann sich sicher sein, dass er am nächsten Morgen noch da ist. In Europa kann man sich auf Schnee nicht mehr verlassen, er kommt und geht, wie es ihm passt. In Montreal nicht – hält er erst einmal Einzug in die Stadt, dann bleibt er auch. Ich liebte den Schnee. Denn wenn es schneite, waren die Temperaturen erträglich. Trieb hingegen der böse Wind sein Unwesen und erzeugte Temperaturen von bis zu minus vierzig Grad und pfiff durch die kerzengeraden Straßen der Stadt, die im Schachbrettmuster angelegt waren, dann hatte man gar keine andere Wahl, als sich in dicke Pullover und Daunenjacken einzumummeln, eine Mütze, ja manchmal sogar eine Maske, tief ins Gesicht zu ziehen und trotzdem weiter rauszugehen oder zu Hause zu bleiben. Dabei hatten diese Kleidermassen durchaus etwas Angenehmes, denn man konnte sich unter ihnen verstecken, musste nicht darauf achten, wie man aussah. Und spätestens bei minus fünfundzwanzig oder dreißig Grad, wenn die Nasenflügel beim Einatmen fast gefrieren und man es nicht erwarten kann, im nächsten „Second Cup“ eine heiße Schokolade oder fair gehandelten Kaffee von unfair behandelten Arbeitnehmern eingeschenkt zu bekommen, dürfte tatsächlich bei jedem die Resteitelkeit verflogen sein. Spätestens dann greift jeder zur Bommelmütze, die man in Kindertagen so verabscheute und die jeden noch so optimistischen Versuch, auch im Winter eine schöne Frisur zu tragen, schon im Ansatz zerstört.

„Dann wirst du auch dieses Ledermäntelchen nicht mehr tragen können, wenn es einmal richtig kalt wird.“

Mein Ledermäntelchen war für deutsche Verhältnisse ein richtiger Wintermantel und zu jenem Zeitpunkt zweifelte ich noch an Marcs Worten und an denen anderer Quebecer, die mir Ähnliches nahelegten. Sie hatten diesen Hang zur Übertreibung, wenn es um den Winter ging, fand ich.

„Wie läuft die Arbeit?“

Kälte hin, Kälte her, man konnte doch nichts dagegen unternehmen.

„Nun ja, die SAQ zahlt gut und ich komme als Mitarbeiter günstig an Alkohol, ansonsten ist das nicht so aufregend. Ich habe zwei halbe Lehraufträge an zwei verschiedenen Schulen, das ist anstrengend, ich hoffe, dass ich bald nur an einer Schule unterrichten kann.“

Er sah an jenem Tag gepflegt aus, an seinem Jackenkragen entdeckte ich einen Sticker, auf dem die Fahne Quebecs abgebildet war, der *Fleurdelisé*. Ich musste irgendwie an unsere nun fast verblichenen „Atomkraft – Nein danke“-Sticker denken und schmunzelte.

„Und was machst *du*, jetzt, da du nicht mehr durch die

Gegend rennen musst, um einen Trauzeugen aufzutreiben?"

„Immer noch nicht mehr als im November, aber wir haben immerhin den Antrag für die Aufenthaltsgenehmigung abgeschickt. Ich warte, genieße meine Freizeit und überleg mir langsam, wo ich eventuell einen Job finden könnte – eines Tages."

„Langweilst du dich denn nicht? Viel gibt es nicht zu sehen, ich meine, so viele Sehenswürdigkeiten haben wir hier nicht. Es ist nicht so wie bei euch in Europa, ihr habt wenigstens richtige, historische Gebäude, ihr habt Kultur."

Sprach der Quebecer von „Europa", dann lag auch immer etwas Ehrfurcht in seiner Stimme. So als wollte er sagen: Ja, so wären wir eigentlich gerne, dieses Selbstbewusstsein hätten wir gerne, aber das wird wohl nichts mehr. Interessanterweise, vielleicht auch verständlicherweise, sprach der Quebecer zwar von Europa, aber im Laufe des Gesprächs kristallisierte sich oft heraus, dass er eigentlich von Frankreich sprach. Die Franzosen aber haben ihre entfernten Cousins lange Zeit mit Verachtung gestraft. 1759 hatten britische Truppen die Franzosen auf den Abrahamshöhen vor Quebec geschlagen, ein Jahr darauf kapitulierte auch Montreal. Im Pariser Frieden, mit dem 1763 der Siebenjährige Krieg endete, trat Frankreich sämtliche Ansprüche auf das nordamerikanische Festland an die englische Krone ab. Was danach in der ehemaligen Kolonie passierte, interessierte die Franzosen kaum mehr. Das änderte sich erst mit dem Aufbruch der *Révolution tranquille* in den sechziger Jahren des 20. Jahrhunderts. Dazu trug auch der französische Präsident Charles de Gaulle bei, der bei seinem Besuch der Weltausstellung 1967 auf dem Balkon des Montrealer Rathauses *„Vive le Québec libre!"* ausrief und damit die Menge zum

Jubeln brachte. De Gaulles Worte waren in einem Quebec, das einen tiefgreifenden, sozialen Wandel durchlief und sich von den klerikalen Fesseln löste, mehr als willkommen. Das politische Erdbeben, das sie anregten, rückte Quebec in den Fokus der französischen Politik und der Öffentlichkeit.

Es wimmelte in der Tat nur so von Franzosen in der Stadt. Klar, der fremdsprachenfaule Franzose konnte sich in seiner eigenen Sprache – oder zumindest in etwas, was seiner Sprache ähnelte – auf ein Abenteuer einlassen. Einmal angekommen, stellte er fest, dass es nicht ganz genau so wie in Frankreich war, und beklagte das bei jeder Gelegenheit. Der Käse! Das Brot! Der Wein! Die Sprache! Die Kultur! Er klagt über das Französisch – und überhaupt: Völlig zu Unrecht wird der Quebecer bei so viel Selbstsicherheit ganz klein, fühlt sich angegriffen, würde das aber nie sagen und findet, dass die Europäer generell ein bisschen arrogant sind.

„Ja, vielleicht hast du Recht, Sehenswürdigkeiten im europäischen Sinne gibt es nicht viele. Aber ich habe sowieso das Gefühl, dass das hier eine Stadt ist, die man im Alltag entdecken muss, durch die tollen Restaurants, Cafés, Kneipen, durch die außergewöhnliche Kulturlandschaft, durch die Verschiedenartigkeit der Viertel und Straßen, die Rue Saint-Denis und der Boulevard Saint-Laurent zum Beispiel, zwei Welten, nimmt man dann noch die Rue Sainte-Cathérine dazu, dann hat man eine dritte."

Dabei mochte ich die Rue Saint-Denis am liebsten. Nicht nur, weil das „Croissant de Lune" sich dort befand und ich mich ausschließlich von *Crêpe pommes-fromage* hätte ernähren können, es war die Straße mit der entspanntesten Atmosphäre, mit netten Cafés und Bistros, ausgefallenen Einrichtungsläden, Musikläden, winzigen Gebrauchtbuchhandlungen. Sie war schlicht und liebenswert und hatte fast dörflichen Charakter. Saint-Laurent war im Gegensatz dazu schrill und auffällig, *cool* und *branché* – schick –, ein bisschen zu cool und zu *branché* für meinen Geschmack. Die Grenze zum *Ghetto* war auch eine Nachtmeile für die Schönen und Reichen und eine Einkaufsmeile für die Hippen und Magersüchtigen; oberhalb der deutschen Kleidergröße 38 konnte man in den Boutiquen nichts finden. Vielleicht war ich tatsächlich langweilig, durchschnittlich und dick, aber ich hatte manchmal das Gefühl, dass das auf dem Boulevard Saint-Laurent unnötig hervorgehoben wurde, also flüchtete ich dort gerne in ein „Second Cup", aber selbst das war voller Hipster. Manchmal reihte ich mich auch in die Warteschlange vor „Schwartz" ein, wo es das beste *Smoked Meat* weit und breit gab und wo jeder Kunde gleich behandelt wurde, ob dick, schlank, groß, klein, reich, arm, cool oder uncool, frankophon oder anglophon. „Schwartz", das war ein dreißig Quadratmeter großer jüdischer Laden, fast rund um die Uhr gut besucht, unprätentiös, schlicht eingerichtet – und ein absolutes Muss in der Stadt! Selbst die Rolling Stones kamen hierher, wenn sie in der Stadt waren.

„Langweilig ist das nicht unbedingt, aber teuer – auf Dauer. Vielleicht brauchen sie bei dir in der Schule eine Putzfrau oder vielleicht einen Clown, wenn gar nichts mehr hilft und die Kinder auf den Tischen stehen und Blödsinn machen?"

„Gar keine schlechte Idee, die Sache mit dem Clown, in einer der Schulen, in denen ich unterrichte, haben die Kinder nicht sehr viel zu lachen, die kommen aus sozial benachteiligten Schichten ... Sag mal, hast du dir schon einmal überlegt, Mitglied beim *Parti Québécois* zu werden?"

Ich musste herzlich lachen.

„Wieso, bezahlen die einen dafür, dass man eintritt?

Nein, wie kommst du darauf? Dazu muss man wohl vom Parteiprogramm überzeugt sein. Worauf das bei der PQ hinausläuft, kann ich mir gut vorstellen. Außerdem kann ich hier ohne Patricks Zutun nicht einmal ein Bankkonto eröffnen, geschweige denn Mitglied in einer Partei werden."

„Letzteres dürfte einfacher sein, schließlich brauchen wir jedes Mitglied."

„Wir? Dann bist du also Mitglied?"

„Klar, irgendjemand muss sich doch dafür einsetzen, dass wir endlich selbstständig werden."

Ich seufzte.

„Wie ich sehe, muss ich hier noch etwas Überzeugungsarbeit leisten. Das hätte eigentlich dein Freund oder Mann schon übernehmen sollen."

„Mein Mann. Der ist Montrealer – und Alien."

Jetzt lachte er.

„Das ist zwar nicht unbedingt nett, aber durchaus eine gute Erkenntnis – nur ein Alien kann die PQ verabscheuen."

„Nein, nein, so meine ich das nicht."

Ich hatte keine Lust, ihm das weiter zu erklären. Ich nannte Patrick manchmal so, weil er anders war – anders als seine Familie und anders als die meisten Quebecer.

„Wieso eigentlich? Wieso träumt ihr alle von diesem *Québec libre*? Was versprecht ihr euch davon? Werdet ihr schlechter behandelt als andere Provinzen, schlechter als in anderen Ländern auf der Welt? Wird sich das unter einer quebecer Regierung wirklich ändern?"

„Écoute ben", Marc stützte sich mit seinen Ellbogen auf seine Zeitung, *Le Devoir* natürlich, etwas anderes würde ein intellektueller, separatistischer Quebecer nicht lesen, und beugte sich etwas zu mir vor.

„Wir sind sieben Millionen Frankophone auf einer Fläche, die sechsmal so groß ist wie Frankreich, auf einem

Kontinent, auf dem hunderte Millionen Menschen Englisch sprechen. Wenn wir nicht zusammenhalten, dann bleibt bald nicht mehr viel von uns übrig und von unserer ‚französischen Sprachvarietät', wie ihr das in Europa gerne nennt. Wir brauchen eine eigene Identität, keine oktroyierte."

„Sag mal ganz ehrlich: Wenn man einmal von der französischen Sprachvarietät absieht und von Montreal und vielleicht von Quebec-Stadt, seid ihr dann wirklich so viel anders als die anderen Nordamerikaner?"

„Was? Natürlich sind wir anders!"

„Na ja, ich weiß nicht, ich habe das Gefühl, dass Montreal anders ist, aber wenn man aus der Stadt hinausfährt oder sich auch nur in die Vorstadt begibt, dann ist das doch ziemlich nordamerikanisch, oder?"

„Nein, das sehe ich nicht so."

„Und überhaupt, was ist mit euren Indianern, vielleicht wollen die auch keine von Quebec oktroyierte Identität, vielleicht gehören sie lieber zu Kanada."

Er verdrehte die Augen.

„Die Europäer und ihre *Premières Nations*, ich wette, du hast schon eine Reservation besichtigt."

Nein, hatte ich nicht, und ich hatte es auch nicht vor. Er hatte *Premières Nations* gesagt, wohlgemerkt, ich „Indianer".

„Also vielleicht ist das nicht so dumm, wenn du den Gedanken mit den Premières Nations einmal fortführst. Wenn sie über sich selbst bestimmt hätten, wenn sie autonom gewesen wären, dann sähe ihre Lage heute vielleicht anders aus. Es ist eine andere Problematik, ein anderer geschichtlicher Hintergrund, aber der Gedanke ist nicht uninteressant."

Er schien zufrieden mit sich und ich hatte erst einmal nichts mehr zu sagen. Ich bekam auf einmal fürchterliche Kopfschmerzen, was nicht nur an der Diskussion lag, sondern an der dicken Luft im „L'Utopik". Rauch in Cafés fand ich im Normalfall in Ordnung, aber gekoppelt mit einer Diskussion über Separatismus schien das zu Migräne zu führen.

„Ich muss los."

Das war nicht ganz richtig, denn eigentlich hatte ich nichts vor. Patrick hatte mir prophezeit, dass ich im Dezember nicht viel von ihm sehen würde, von den Feiertagen abgesehen.

„Bin ich dir mit meinen Parolen auf die Nerven gegangen?"

„Nein, nein, ich will das ja verstehen, eines Tages ... aber ich habe noch ein paar Dinge zu erledigen."

„Keine Sorge, das wirst du schon noch verstehen, ich nehme das in die Hand."

„Hm."

„Du kannst deinem Trauzeugen vertrauen, er irrt sich nicht."

Er sagte das auf eine Art und Weise, die mich dazu veranlasste, sofort etwas klarzustellen.

„Ich bin verheiratet", sagte ich lächelnd.

„Ich weiß."

***

Mein erster Schneesturm war eindrucksvoller, als ich ihn mir je hätte vorstellen können. Die Wolkendecke war schon den ganzen Tag bedrohlich niedrig gewesen, und es war jetzt am Nachmittag noch genauso grau, wie es am Morgen gewesen war. Ich schlenderte zum Supermarkt am Einkaufszentrum Complexe Desjardins. Kurz bevor ich dort angelangt war, fielen einige Schneeflocken. Ich schenkte dem keine weitere Bedeutung, war in Gedanken schon bei meiner Einkaufsliste: eine kleine Fertigpizza, falls wir nicht zum Kochen kommen sollten, oder vielleicht auch zwei oder drei, falls wir öfter nicht zum Kochen kommen sollten; Erdnussbutter für Patrick, der pro Woche ein Glas verzehrte, was mir immer ein Rätsel bleiben sollte; Ahornsirup, weil der überall draufkam, auf süße und salzige Speisen; Muscheln in Weißweinsoße, falls es doch einmal wieder romantisch werden sollte, was bei Patricks momentaner 70-Stunden-Woche aber eher unwahrscheinlich war; Brot zu finden war immer schwierig, weil es in den Supermärkten nur Brot gab, dessen Konsistenz so weich war, dass es wie ein Schwamm in seine Form zurückspringen würde, wenn man sich draufsetzen sollte.

Dann stieß ich eines Tages zufällig auf eine Bäckerei, die auch eine von der deutschen Brotsortenvielfalt verwöhnte Italienerin zufriedenstellte: Das *Pain Doré*, so hieß die Boulangerie, die Teil einer Kette war, trug entscheidend dazu bei, dass man in Quebec viel besser essen konnte als im restlichen Kanada. Im Supermarkt war noch eine weitere Bäckereikette vertreten, *Première Moisson*, etwas nobler noch als *Pain Doré*, deren Baguette selbst Franzosen zufriedenstellte!

Nach meinem Einkauf bummelte ich noch etwas durch den Complexe Desjardins, nicht unbedingt das schönste Einkaufszentrum in der Stadt, aber bei mir um die Ecke und angenehm, wenn die Temperaturen draußen ungemütlich wurden und man nichts mit sich anzufangen wusste. Durch die Weihnachtsdekoration entstand sogar in diesem Zentrum eine gemütliche Atmosphäre. Das lag mit Sicherheit daran, dass im Erdgeschoss für einige Wochen der Weihnachtsmann wohnte. Er war dort eigentlich schon im November eingezogen mit einer beeindruckenden Parade auf der Rue Sainte-Cathérine, unter den staunenden Blicken und jubelnden Zurufen der Kleinsten in Quebec. Und dann hatte er es sich im Complexe Desjardins in einem eigens für ihn angelegten, kleinen Dorf gemütlich gemacht, empfing die ehrfürchtigen Kinder, flüsterte ihnen etwas ins Ohr und ließ sich bereitwillig mit ihnen fotografieren. Am liebsten hätte ich mich angestellt und gefragt, ob der Weihnachtsmann mir meine Aufenthaltsgenehmigung bringt und ich dann auch gleich einen tollen Job finde, aber für einen Weihnachtsmann war er ungewöhnlich zierlich, vielleicht hatte der Complexe Desjardins zu lange gewartet und die fülligen Weihnachtsmänner waren schon an andere Einkaufszentren vergeben gewesen. Jedenfalls war ich viel zu groß, er wäre mit Sicherheit unter meiner Last zusammengebrochen.

Im ersten Stock inspizierte ich dann die ein oder andere Boutique. Ich ertappte mich dabei, wie ich gerne in diesen Einkaufszentren spazieren ging, wie ich mich gerne von der abgedroschenen Weihnachtsmusik berieseln ließ und wie ich mich von den verführerischen *buy one, get one free*-Angeboten angezogen fühlte. Aber ohne Geld war das auch nur ein begrenzter Spaß, ohne Geld konnte man in diesem Komplex, der immerhin den Namen einer Bank trug, nicht viel anfangen, vielleicht konnte man dem Weihnachtsmann umsonst etwas ins Ohr flüstern, aber ganz sicher war ich mir da nicht. Hin und wieder huschte ein Verkäufer mit einem Kaffee oder einem Muffin zurück in seinen Laden, auf den Bänken und in den Cafés verweilten ältere Damen und Herren, und nun, da der Weihnachtsmann sein Quartier hier hatte, sah man auch einige Mütter und Kinder. Alles in allem eine entspannte Atmosphäre, eine Art überdachte, nordamerikanische Piazza mit frankophonen Passanten. Fast ließ ich mich von einem netten Verkäufer davon überzeugen, dass ich nicht nur ein Paar Schuhe brauchte, sondern gleich zwei, denn das zweite Paar wollte er mir zum halben Preis überlassen, einfach so, aber die Vernunft siegte und ich entschloss mich dazu, lieber nach Hause zu gehen und mich mit MétéoMédia zu beschäftigen, der nächste Small Talk kam bestimmt.

„Ouais, c'est parti, l'hiver commence, là. On était-tu ben pas de neige?"

„Mets-en, à c't'heure, il va falloir pelleter l'entrée de ma maison, on pourra plus sortir facilement, ça va être un paquet de troubles."

„Y ont annoncé une tempête toute la journée. 8–10 pouces et demain –40° avec le facteur vent."

Schneeschippen? Der Winter fängt an? Es geht los? Ein Schneesturm? 20 bis 25 Zentimeter Schnee? Ich rannte hinaus und in der Tat, es lagen bestimmt schon zehn Zentimeter! Dabei war ich gerade mal eine Stunde im Complexe Desjardins gewesen! Es war, als ob sich der Lauf der Zeit verlangsamt hätte. Nur wenige Autos fuhren. Riesige Schneeflocken wirbelten durch die Stadt und reduzierten die Sicht auf ein Minimum. Es war, als würde man durch eine weiche, weiße Wand schreiten. In diesem Flockenwirbel wurde die Dreimillionenstadt plötzlich zu einem Dorf. Es wirkte alles so idyllisch, auch in diesem Teil der Stadt, über den viele nur die Nase rümpften. Glücklich machte ich mich durch den jungfräulichen Schnee auf den Nachhauseweg.

Zu Hause angekommen legte ich meine Tüten auf den Fußboden, machte mir einen Tee, schaute aus dem Wohnzimmerfenster und war zufrieden. Mein erster Schneesturm! Ich saß einige Zeit gedankenverloren da, bis ein tosendes Geräusch dem Ganzen ein Ende bereitete: Wer immer von deutscher Effizienz spricht, der sollte mal dem kanadischen Winterdienst bei der Arbeit zuschauen, der war effizient! Binnen kürzester Zeit waren die Straßen wieder befahrbar. Was sie mit dem Schnee machten? Am Straßenrand aufhäufen, so dass das Parken in diesem weißen Paradies zur Hölle wurde. *„Tabarnak!“*, wörtlich „Tabernakel“, würde der motorisierte Quebecer nun rufen; das ist etwa mit dem deutschen „Verflucht!“ zu vergleichen.

***

Dann ging alles ganz schnell und Weihnachten stand vor der Tür. Es würde mit Sicherheit eine weiße Weihnacht werden und mal abgesehen davon das schrägste Weihnachtsfest, das ich bis dahin erlebt hatte. Weihnachten, so hatte ich gelernt, verbringt man mit der Familie, zu Hause. Das war Heiligabend wunderschön, am ersten Feiertag nett und am zweiten die Hölle.

„Am 24. sind wir bei François und Lara eingeladen – jeder soll was mitbringen, ich glaube, wir sollen uns um den Nachtisch kümmern.“

„Am 24., an Heiligabend? Feiert ihr hier nicht mit der Familie?“

„Am 24. nicht unbedingt, der 25. ist Familientag, da gehen wir ja dann auch mit meiner Mutter und meinen Großeltern essen.“

„Gut, dann mach ich für den 24. Tiramisu, angeblich mache ich das beste der Welt.“

„Bescheiden bist du nicht.“

„Man muss Lob spenden, wo Lob angebracht ist. Was ist mit dem 26.?“

„*Boxing Day*. Was sonst? Da kommt Simon mit seinem *Journal de Montréal* und wir gehen auf Schnäppchenjagd.“

So wurde mir das Weihnachtsprogramm angekündigt, zwischen Tür und Angel. Ich kann mir natürlich nicht ganz sicher sein, denn ich habe es nicht miterlebt, aber wenn ich versuche, mir vorzustellen, wie man 1968 Weihnachten gefeiert hat, dann stelle ich es mir genau so vor, wie es sich an jenem 24. bei uns ereignet hat. François und Lara, die Gastgeber, hatten da eine eindrucksvolle Palette an Gästen aufgetrieben, unter anderem einen im Sergeant-Pepper-Mantel gekleideten Musiker, der es an jenem Abend nicht versäumte, uns seine neue CD zu präsentieren, eine etwas ältere Kostümbildnerin, die beunruhigend ruhig und ausgeglichen schien, ein Feinkostladenbesitzer, der uns mit Foie Gras und Apfeleiswein versorgte, ein Alien und eine gestrandete Einwanderin.

Am 25., da auch in Montreal so ziemlich alles geschlossen hatte und die Quebecer in sich gingen oder sich vielleicht auch einfach an ihrem kostbaren Feiertag erfreuten, es gab ja nicht viele davon, fand ich mich mit Patricks Familie an einem chinesischen All-you-can-eat-Buffet mit Hawaii-Dekoration wieder. Gerne wäre ich ein bisschen in mich gegangen, aber ich war zu beschäftigt damit, den Zusammenhang zwischen Hawaii, China und Weihnachten zu finden. Es war unmöglich und ich war dankbar dafür, dass Patricks Mutter und die Großeltern mir durch den Besuch in diesem spektakulären Restaurant jegliche Grundlage für ein Insichgehen genommen hatten.

Und am 26. stand, wie angekündigt, Patricks Freund Simon vor unserer Tür, mit dem *Journal de Montréal* unter dem Arm, einer Daunenjacke, einer Mütze, dicken Handschuhen. Die Zeitung, glaube ich, brachte er nur aus symbolischen Gründen mit, denn ich kann mich nicht erinnern, dass die beiden die Seite mit den Schnäppchen ernsthaft angeschaut hätten. Ihr Programm stand sowieso schon fest: Nach einem von Patrick zubereiteten Holzfällerfrühstück – zwei Eier, Speck, gebackene Bohnen mit Schmalz, Bratkartoffeln würde es zu La Cordée gehen, dem Reich der Outdoor-Gadgets, dann zu Archambault für CDs, Renaud-Bray für Bücher. Fast ein intellektueller Abschluss, wäre nicht ich dazwischengekommen und hätte auf eine Klamottentour im Centre Eaton bestanden. Aber das hatte sich schnell erledigt, denn was ich im Spiegel der Umkleidekabine sah, gefiel mir überhaupt nicht und ich bekam Atemnot und Platzangst, so voll war die Einkaufshalle. Auf der Rue Sainte-Catherine war es nicht besser, die Fußgänger mussten oft auf die Straße ausweichen, was insofern kein Problem war, als die Autos sowieso in Stau feststeckten. Man musste sich seinen Weg durch die Menschenmassen regelrecht erkämpfen und immerhin hatten wir uns vom Osten in den Westen durchgeschoben und wieder ein Stück zurück. Man kann es auch anders beschreiben: Wir sind im Rotlichtviertel losgegangen, haben uns durch die Läden im Schwulenviertel gearbeitet, sind wieder durchs Rotlichtviertel marschiert, um in das Finanz- und Einkaufszentrum in den Westen zu gelangen – und wieder zurück. Und das alles bei minus fünfzehn Grad. Selbst der abgehärtetste schwäbische Schnäppchenjäger hätte da noch etwas dazu lernen können.

***

Wir hatten uns natürlich schon überlegt, was wir an Silvester unternehmen sollten. Eine Party in einer der zahlreichen Bars und Kneipen auf der Rue Saint-Denis oder dem Boulevard Saint-Laurent? Ein Konzert im „Metropolis“ mit anschließender Party? Ein Abendessen in einem Restaurant mit anschließender Party? Eine Party in einem Club? Ein Fest bei Freunden? Das Spektakel auf der Rue Sainte-Catherine – ganz günstig und spontan? Das Feuerwerk der Stadt, womöglich mit anschließender Party auf der Straße? Wir hatten die Qual der Wahl, aber letztendlich beschlossen wir, in unserem tiefroten Esszimmer zu feiern, zu zweit, mit jeder Menge Champagner. Um Mitternacht war es dann ungewöhnlich still – zumindest für mich und meine Silvestererfahrungen. Von unserem Küchenfenster aus sahen wir das Feuerwerk, das die Stadt organisiert hatte. Sonst knallte und krachte es nirgendwo, denn ausnahmsweise waren sich Quebecer und Kanadier einig: Das Spielen mit dem Feuer war gefährlich.

Januar

„MAMA, ICH BIN DICK GEWORDEN."
„Warte mal, ich mache den Fernseher leise, ich kann dich nicht hören."

Im Hintergrund aufgeregte Stimmen – wahrscheinlich eine dieser sinnlosen Diskussionsrunden auf Rai Uno, moderiert von einer halbnackten Blondine – schlank natürlich.

„Was sagst du? Wer ist dick?"

„Ich. Ich sehe furchtbar aus."

„Jetzt übertreib doch nicht, wie viel wiegst du denn jetzt?"

„Ich weiß es nicht, wir haben keine Waage. Aber mein brauner Rock, den wir zusammen gekauft haben, kannst du dich erinnern? "

„Ja."

„Der passt nicht mehr!"

„Der war doch schon immer ein bisschen knapp, oder?"

„Was? Überhaupt nicht! Und wenn, dann hättest du mir das doch auch mal früher sagen können, oder?"

„Ach, *Zuccherina*, so schlimm wird's schon nicht sein."

Sie sagte das mit ihrem untrüglichen italienischen Akzent, dem auch vierzig Jahre Schwabenland nichts hatten anhaben können. Klar, ich hätte meiner Mutter auch sagen können, dass ich zweihundert Kilo wog, voller Pickel war und schütteres Haar bekommen hatte, sie hätte mich trotzdem noch schön gefunden. Müttern kann man in dieser Beziehung nicht vertrauen. Ich musste mich einer kritischeren Prüfung unterziehen.

Ich war wirklich dick geworden. Und es betrübte mich, das neue Jahr mit dieser traurigen Feststellung beginnen zu müssen. Aber es war auch unvermeidbar gewesen. Denn wer kann schon einem klassischen Frühstück – zwei Eier und Speck – bei „Claudette“ widerstehen? Wer hätte die Kraft, an der „Banquise“ vorbeizugehen, ohne eine *poutine galvaude* zu essen – Pommes frites, Barbecuesoße, Hühnchenstücke und Schmelzkäse? Wer würde an ganz besonders trüben Tagen einen Hot Dog von der „Belle Province“ verschmähen – *steamed and all dressed*? Wer kann schon „nein“ sagen, wenn man sechs Donuts zum Preis von fünf bekommt? Wer würde sich mit nur einem Gang zum Buffet begnügen, wenn es hieß *all-you-can-eat*? Wer würde mit gutem Gewissen etwas vom in Ahornsirup getränkten *pain doré* – in Ei gebratenes Brot – bei „Cora Déjeuner“ übriglassen? Wer konnte ernsthaft in Erwägung ziehen, am „Mr. Norton and Felix“-Keksstand vorbeizugehen, ohne einen Zitronen-Butterkeks mit weißen Schokoladestückchen zu essen? Wer war in der Lage, an den duftenden Bagels der Rue Saint-Viateur oder Fairmount vorüberzugehen? Wer konnte dem *smoked meat* bei „Schwartz“ widerstehen, wenn selbst die Rolling Stones es nicht konnten? Die Antwort musste wohl lauten: All diejenigen, die in Boutiquen auf dem Boulevard Saint-Laurent einkaufen gehen wollen.

„Ich bin dick geworden“, sagte ich Patrick noch am gleichen Abend, als der gerade zur Tür hereinkam, noch bevor ich „Hallo“ sagte.

„Hi, ganz schön kalt draußen ...“ Aha, dachte ich, er will mir nicht antworten, weil es stimmt und er mich nicht verletzen will.

„Dann bin ich also wirklich dick geworden?“

„Nein, wieso denn ‚dick‘? Warum bist du denn so hysterisch? Du hast vielleicht ein paar Kilo zugenommen, aber das ist normal, das ist Winterspeck."

„Winterspeck? Ich passe nicht mehr in meinen braunen Rock!"

„Der war schon immer eng."

„Meine Güte, kann man sich in dieser Welt eigentlich überhaupt auf jemanden verlassen? Hätte man mir das nicht auch einmal früher sagen können, dass ich in dem Rock blöde aussah?"

„Wer sagt denn, dass du blöd aussahst? Was ist denn eigentlich los, kriegst du bald deine Tage?"

„Ja, aber das hat damit überhaupt nichts zu tun und es ändert nichts an der Tatsache, dass ich mich unwohl fühle. Wir sollten mehr Sport treiben. Zusammen."

„Das ist bei meinen Arbeitszeiten nun einmal nicht so einfach. Morgen hätte ich Zeit, wie wär's mit Langlaufen auf dem Mont Royal?"

„Das kann ich nicht so gut."

„Das kann man lernen. Na gut, dann lass uns im Vieux Port Schlittschuh laufen."

Der Himmel auf Erden hätte mich in dem Augenblick auch nicht zufrieden gestellt, aber Schlittschuhlaufen hörte sich nicht schlecht an. Das letzte Mal hatte ich das in der achten Klasse gemacht, wenn mich nicht alles täuschte, und am alten Hafen in Montreal würde es sicher schöner werden als in der Eissporthalle in Neckargröningen.

„Ja, vielleicht, aber *einmal* Sport treiben bringt nicht viel."

„Ist aber ein Anfang." Patrick steuerte auf die Küche zu. „Mensch, das war ein Tag, wir sind nicht mal zum Essen gekommen, weiß nicht wie oft wir die verflixte Szene gedreht haben, mir sind fast die Hände eingefroren, trotz Thinsulate-Handschuhen – sag mal, was gibt's denn zu essen?"

„Salat."

„Und was noch?"

„Nichts, ich will ja abnehmen."

„Salat? Bei minus zwanzig Grad? Alles klar, ich bestelle mir mal was bei ‚Saint-Hubert'. Willst du auch was?"

„Nein! Ich bin schon dick genug, hast du ja selbst gesagt und ich bin unzufrieden!"

„Eben, vielleicht machen dich die Hähnchenschlegel von ‚Saint-Hubert' heute noch glücklich, ich geb's auf."

Er gab seine Bestellung auf, ich blickte traurig meinen Salat an. Nein, der würde mich wirklich nicht glücklicher machen. Und ein saftiges Hähnchen mehr oder weniger machte den Kohl sicherlich nicht sehr viel fetter.

„Einverstanden, Hähnchenschlegel mit Krautsalat", sagte ich gerade noch rechtzeitig, bevor er auflegte. Saint-Hubert gehört eigentlich noch in meine obige Liste, auch dazu kann man nur schwer „nein" sagen.

Dann verschwand Patrick in der Dusche. Ich folgte ihm. Ich bin anhänglich, wenn ich unzufrieden bin.

„Wir müssen uns etwas überlegen. Irgendwas. Wie ich an Geld komme und wie ich mich endlich mal wieder mit etwas beschäftigen kann. Ich kann doch nicht ewig auf die Beamten in Vegreville warten."

Ich hatte es mir auf der Kloschüssel gemütlich gemacht, sonst gab es auch kaum Platz in unserem Bad. Der Dampf war angenehm warm, dafür würde es mir hinterher umso schwerer fallen, wieder freiwillig aus dem Bad herauszukommen.

„Vielleicht sollte ich tatsächlich der PQ beitreten und mal zu einer Versammlung gehen, das würde mich schon mal beschäftigen. Hatte ich dir erzählt, dass Marc mir das vorgeschlagen hat?"

„Wer?“

„Marc, unser Trauzeuge.“

„Dein Trauzeuge.“

„Ja, wie auch immer. Verrückt oder?“

„Ja, verrückt. Seht ihr euch oft?“

Jetzt, da meine Laune besser wurde, verschlechterte sich seine spürbar. Sie würden wohl nicht gerade die besten Freunde werden und ein Eishockeyspiel zusammen anschauen gehen oder so.

„Nein, wir waren eigentlich erst einmal unterwegs, war aber ganz nett.“

Eine Reaktion blieb aus und ich überlegte mir, dass es wohl sinnvoll wäre, das Thema zu wechseln. Vielleicht sollte ich mich mal mit unter die Dusche stellen, konnte ja nicht schaden.

Mit dem fettigen Hähnchen im Bauch schlief es sich gut und lange und wir hatten es am nächsten Morgen beide nicht eilig, Schlittschuh laufen zu gehen. Es war ja auch nachmittags noch Zeit oder abends. Stattdessen machten wir uns auf ins „Croissant de Lune“. Die Bedienung nickte uns gleich freundlich zu. Sie wusste sowieso schon, was wir wollten. Patrick griff wieder einmal zum *Journal de Montréal*, ich regte mich wieder auf, sagte dann aber doch nichts und holte mir *La Presse*, ein Kompromiss aus dem *Journal de Montréal* und *Le Devoir*. Und da las man, dass die *Canadiens*, Montreals Eishockeyteam, am Vorabend kläglich versagt hatten, die Mannschaft hatte lächerlich ausgesehen, war in einer furchtbaren Form, und im Idealfall sollte man alle Spieler austauschen und den Trainer entlassen, niemals würden sie so den Stanley Cup gewinnen, ganz im Gegenteil, sie seien dieses Pokals nicht mal würdig. Ganz schön hart, dachte ich.

Dabei hatte man das Team ein paar Tage zuvor in der Sportsendung „110 %“ in den siebten Himmel gelobt, als sie gegen Ottawa angeblich eine Glanzleistung gezeigt hatten und man den Stanley Cup schon für gewonnen hielt.

Ich konnte dem Spiel nichts abgewinnen. Mochte schon sein, dass das da „richtige Männer“ waren, die richtig was einstecken und austeilen konnten, aber irgendwie ging mir das alles zu schnell. Ich konnte dem Puck einfach nicht folgen, zumindest nicht im Fernsehen. Patrick hatte mir schon lange angedroht, dass ich mir mal ein Spiel live anschauen müsste. Blieb nur zu hoffen, dass man dem Spiel live etwas besser folgen konnte. Patrick habe ich nie von meinen Eishockeyproblemen erzählt, er schien nämlich keine zu habe, ganz im Gegenteil. Er und alle anderen konnten gut folgen, aber sie wuchsen ja auch damit auf, vielleicht entwickelt man dabei so eine Art achten Sinn für die Wahrnehmung des Pucks.

Football wiederum war mir zu langsam, ständig wurde ein Teil der Mannschaft ausgetauscht – Verteidigung, Angriff, Verteidigung, Angriff – und ich hatte das Gefühl, dass die Montrealer *Alouettes* immer nur gegen Toronto spielten. Das lag aber auch nur daran, dass die *Canadian Football League, CFL,* im Vergleich zur amerikanischen *National Football League, NFL,* einfach sehr klein war, sie bestand gerade mal aus acht Mannschaften, während die *NFL* über dreißig verfügte. Letztere war auch populärer und der amerikanische Super Bowl ein großes Ereignis im Land, beziehungsweise auf dem Kontinent.

Dann kam *crêpe pomme-fromage* und ich blickte die Bedienung glücklich und dankbar an. Patrick bekam sein klassisches Holzfällerfrühstück serviert und schaffte es endlich, den Blick von seiner Lieblingszeitung zu lösen.

„Gestern hat mich jemand gefragt, ob ich jemanden kenne, der ein Zimmer vermietet."

„Und?"

„Na ja, *ihn* wollte ich nicht unbedingt als Mitbewohner, aber das hat mich auf die Idee gebracht, dass wir vielleicht ein Zimmer vermieten könnten."

Dumm war das sicher nicht, im Moment hat jeder von uns sein eigenes Arbeitszimmer, wobei ich mit Sicherheit keines brauchte.

„Meinst du? Wäre das nicht ein bisschen seltsam?" Er zuckte mit den Achseln. Ich überlegte mir, wie das als Paar mit einen Mitbewohner sein würde und ob man da überhaupt so einfach jemanden finden würde. Ich war mir nicht sicher, ob ich selbst mit einem Paar zusammenwohnen wollte. Aber je länger ich darüber nachdachte, desto interessanter fand ich die Idee. Außerdem war Patrick auch oft unterwegs, da wäre das manchmal gar nicht schlecht, jemanden um mich rum zu haben. Und wir würden natürlich zu Geld kommen.

„Ja, also, warum nicht. Das löst wenigstens mein Geldproblem ein bisschen, aber nicht mein Beschäftigungsproblem. Ich sollte schon mal wieder was machen. Inzwischen ist mir fast egal, was."

„Habe ich ja gesagt, die spinnen, die Kanadier."

„So lange kann das doch jetzt nicht mehr dauern, oder?"

„Tja, das wissen nur die Beamten in Vegreville, Alberta."

„Also wenn in ein paar Wochen nichts kommt, suche ich mir einen Job in einer Kneipe oder einem Restaurant. Ist mir dann auch egal." Man wurde ja fast in die Schwarzarbeit getrieben. „In der Zwischenzeit kümmere ich mich um die WG-Sache, als eine Beschäftigungstherapie. A propos Beschäftigungstherapie, wieso hat das gestern mit dem Dreh so lange gedauert?"

„Ach, weil unser Star gestern durchgedreht ist. Er wollte irgendetwas Bestimmtes zum Frühstück, das war aber nirgendwo in der Stadt aufzutreiben, dann schmollte er und kam nicht zum Set, obwohl wir alle nur noch auf ihn warteten. Zu guter Letzt hat er sich doch noch erbarmt, war dann aber wieder sauer, weil er aufgrund der kanadischen Bestimmungen keine echte Pistole für die Szene benutzen durfte und er deswegen wohl nicht das richtige Gefühl für die entsprechende Szene bekam, tja, und da ist er kurzerhand wieder in seine Kabine verschwunden, mitsamt seinen 20 000 Sklaven, Friseuren, Maskenbildnern, Masseuren und Agenten."

„Nicht gerade ein Segen, diese großen amerikanischen Produktionen, oder?"

Martin Scorsese, Angelina Jolie, Eddie Murphy, George Clooney, Julia Roberts, Halle Berry, Marlon Brando, Denzel Washington, Leonardo DiCaprio und noch viele mehr, sie alle hatten schon in Montreal gedreht.

„Ja und nein, sicher gut zum Geldverdienen, vom künstlerischen Wert brauchen wir, glaube ich, nicht zu reden. Wie sieht's eigentlich aus mit Schlittschuhlaufen?"

„Ja, lass uns mal gehen."

Wir gingen erst bei uns zu Hause vorbei, zogen uns bequeme Kleidung an und machten uns auf den Weg zum Vieux Port. Jedes Mal wenn ich den Sankt-Lorenz-Strom sah, musste ich beschämt an den Neckar denken, der im Vergleich wie ein Bächlein anmutete. Dabei war der Sankt-Lorenz-Strom hier in Montreal noch nicht einmal besonders breit. Auf der anderen Seite sah man die Insel Notre Dame, auf der im Juni das Formel-1-Rennen stattfindet und wo man sich den Rest des Jahres sportlichen Aktivitäten widmen konnte: Inlineskaten, Fahrradfahren, Joggen. Vom alten Hafen aus blickte man auch auf die Insel Sainte-Hélène, wo sich der amerikanische Pavillon der Expo 1967 befand, eine riesige silberne Kugel, die angeblich fast einmal abgebrannt wäre und dann aus Mangel an sonstigen Verwendungszwecken in ein Wassermuseum verwandelt wurde.

Es war großartig, auf dem Fluss Schlittschuh zu laufen. Es war zwar wirklich nur ein kleines Stückchen Saint-Laurent, aber es wäre wohl auch etwas viel verlangt, zu erwarten, dass der ganze Strom einfror. Schlittschuhe lieh man sich am Ufer aus, oder man brachte seine eigenen mit, der Eintritt war auch erschwinglich. An Patrick konnte ich deutlich sehen, dass man auch als Kanadier nicht zwangsläufig in der Lage ist, aus dem Stehgreif einen doppelten Rittberger hinzulegen oder kunstvoll einen Puck über das Eis gleiten zu lassen. Er hatte andere Qualitäten. Ich auch. Jedenfalls hatten wir eine Menge Spaß, vielleicht gerade weil wir so unbeholfen über das Eis schlitterten. Man konnte sich ja auch einfach nur an den Zaun lehnen und in der untergehenden Sonne die herrliche Sicht auf die Stadt genießen, die vom alten Hafen aus atemberaubend schön war.

***

Mein Look hatte sich seit meinem letzten Treffen mit Marc deutlich verändert. Ich trug nun eine rote Daunenjacke, die mir Patrick geschenkt hatte, Thinsulate-Handschuhe, eine Mütze im Peru-Stil, robuste Stiefel, die sich auch für Wanderungen in den Rocheuses, wie die Rockie Mountains auf französisch hießen, eignen würden, Jeans und eine Strumpfhose darunter. Marc sah ähnlich aus, eigentlich sahen in der Kälte alle ähnlich aus.

„Sagte ich doch, dass du das mit dem Ledermäntelchen nicht mehr lange aushalten würdest."

Ja, er und all die anderen hatten Recht gehabt. Manchmal war es unvorstellbar kalt. Patrick hatte es schließlich auch nicht mehr mit ansehen können, wie ich herumlief. Eines Tages war er mit einem breiten Grinsen im Gesicht nach Hause gekommen.

„Ich hab dir was mitgebracht."

Ich hatte an Pralinen, Parfüm, Schmuck, ja sogar Unterwäsche gedacht, stattdessen holte er ein rotes Etwas aus der Tüte, das sich als Daunenjacke entpuppte. Aber es war nicht einmal der Gedanke, der da zählte; es war die Vernunft, die endlich hatte siegen müssen. Und das dauerte nicht lange, bei minus fünfundzwanzig Grad freundete ich mich schnell mit dem Gedanken an, wie ein Michelinmännchen auszusehen. Es sahen ja auch alle so aus. Und der Vorteil war immerhin, dass man nicht unbedingt abschätzen konnte, ob die Person unter der Daunenjacke etwas dicker war oder ob es sich um eine besonders dicke Daunenjacke handelte.

Marc kam wieder mit *Le Devoir* unter dem Arm zu unserem Treffen ins Café „L'Utopik". Ich warf kurz einen Blick auf die Titelseite und las irgendwas mit Jean Chrétien und Skandal. Ich hatte diese Schwarzgeldaffäre nicht mitverfolgt und zu Jean Chrétien fiel mir eigentlich immer nur ein, dass er sich während seiner Amtszeit als Premier zahlreiche diplomatischen Pannen geleistet hatte. Kein Wunder, dass die Kanadier sagten, er beherrsche seine beiden Fremdsprachen – Englisch und Französisch – hervorragend. So soll er es beispielsweise bei einer Reise in den Mittleren Osten geschafft haben, Israelis und Palästinenser gleichermaßen zu beleidigen. Und das ging folgendermaßen: Auf die Kritik der Palästinenser, er habe den östlichen Teil Jerusalems nicht besucht, antwortete er, er wisse sowieso nicht, wo er sich im Moment befände: Norden, Süden, Osten oder Westen, das sei doch alles gleich. Die Palästinenser nahmen diese Aussage natürlich mit wenig Begeisterung auf. Kurz darauf wehrte er den Vergleich eines Journalisten zwischen den Palästinensern und den Quebecern ab. Die Quebecer und deren Forderungen seien keineswegs mit denen der Palästinenser zu vergleichen, schließlich werde Quebec weder besetzt noch unterdrückt. Nun hatten die Israelis schlechte Laune. Ein diplomatisches Glanzstück, das einen zweifellos dazu verleitete, noch mehr über die Amtszeit von Jean Chrétien erfahren zu wollen.

„Kennst du den?“

„Ja, klar. Näher allerdings erst, seitdem ich hier bin. Ich wollte mir eigentlich auch schon das Buch über seine lustigsten Patzer kaufen, *„Les Chrétienneries“*, hast du das schon gelesen? Ich finde das wahnsinnig, was er sich schon alles geleistet hat.“

„Ja, ist ganz amüsant, andererseits auch traurig, wenn man bedenkt, dass er uns auf internationaler Ebene repräsentiert hat. Ein weiterer Grund, selbstständig zu werden. Dann können wir wenigstens unseren eigenen Clown in die große, weite Welt entsenden.“

„Er wurde wohl nicht nur außerhalb von Quebec gewählt, oder?“ Ich weigerte mich noch, Kanada in Kanada und Quebec einzuteilen. Aber wenn der Quebecer von „Kanada“ spricht, meint er Kanada ohne Quebec, genauso wie er sich selbst nicht zu den „Kanadiern“ zählt, das waren die anderen, *„ROC“*, sagte man liebevoll, *„Rest of Canada“*.

„Nein, leider nicht. Und deswegen muss noch viel Arbeit geleistet werden. Angefangen bei den Einwanderern, die muss man gleich auf den richtigen Weg bringen.“ Er lachte dabei freundlich, so dass ich es ihm nicht wirklich übel nehmen konnte, dass er mich gleich wieder mit seinen Unabhängigkeitsbestrebungen überrollte. Trotzdem wechselte ich das Thema schnell, ich war zu sehr mit dieser WG-Sache beschäftigt.

„Sag mal, wo inseriert man am besten, wenn man einen Mitbewohner sucht?"

„Wieso, lasst ihr euch schon scheiden?"

„Nein! *Wir* suchen einen Mitbewohner."

Mich nervten diese Anspielungen. Und es bestätigte, was ich sowieso schon immer dachte: Richtige Freundschaft zwischen Männern und Frauen gibt es nicht. Früher oder später landete man doch im Bett.

„Hast du eigentlich eine Freundin?" Ich ahnte die Antwort schon, wollte es aber trotzdem genau wissen.

„Nicht mehr. Sie hat mir vor ein paar Monaten eine Nachricht auf den Anrufbeantworter gesprochen. Es sei aus, sagte sie, es ergäbe alles keinen Sinn und ich solle nicht versuchen, sie zu kontaktieren, sie wolle nicht darüber sprechen. Jetzt wohnt sie in Repentigny, in der Vorstadt, im eigenen Häuschen mit Gartenzaun und Garage und ihr Freund ist stolzer Besitzer eines Pick-ups, hat man mir erzählt. Sie gehört jetzt zu den Tausenden, die täglich von der Vorstadt nach Montreal pendeln und nach stundenlangem Stau auf der Brücke schon frustriert am Arbeitsplatz ankommen. Sie gehört jetzt zu den 4-5-0ern."

„Zu wem?"

Er lachte.

„4-5-0 ist die Vorwahlnummer für die Vorstadt, im Gegensatz zu 5-1-4 für Montreal."

„Alles klar – tut mir leid, das mit deiner Freundin."

„Schon gut, ich hatte ihr nichts zu bieten, kein Haus, keinen Pick-up – und die coole Vorwahl allein hat sie wohl nicht zufrieden gestellt."

Er schien verbittert und ich hätte ihn gerne etwas aufgemuntert, aber es fiel mir einfach nichts Glorreiches ein, schon gar nicht auf Französisch.

„Ist kein Problem, weißt du, mittlerweile kann ich manchmal sogar darüber lachen. Außerdem gibt es Frauen wie Sand am Meer." Er schaute mich aus den Augenwinkeln an. „Man muss sie ja nicht gleich heiraten."

„Nein, muss man nicht, kann man aber." Er war verwirrend, dieser Marc, und ich beschloss das Ganze mit Vorsicht zu genießen.

„Wo wohnst du denn eigentlich?"

„Auf dem Plateau Mont-Royal, mit drei anderen in einer WG."

„Na, da kommen ein Pick-up, ein Vorgarten und die Vorwahl 4-5-0 aber nicht dagegen an."

Das Plateau war das coolste Viertel der Stadt und auch dementsprechend teuer. Zu vergleichen etwa mit dem Prenzlauer Berg in Berlin.

„Na ja, ich weiß ja auch nicht, was ihr neuer Typ sonst noch so für männliche Attribute hat, die das alles wettmachen ..."

Männerlogik. Ich verzog nur mein Gesicht zu einer Grimasse und sagte lieber nichts dazu.

„Wo sollen wir denn nun inserieren?"

„Kommt darauf an, mit wem ihr zusammenleben wollt. Studenten, Berufstätige. Die Unis sind vielleicht eine gute Idee. Es gibt hier genug davon, zwei englischsprachige, Concordia und McGill, und zwei frankophone, die Université de Montréal (UdeM) – und die Université du Québec à Montréal (UQAM). Ich lege dir natürlich die letzten beiden ans Herz, sonst zieht bei euch womöglich noch ein Kanadier ein und zerstört meine schöne Propaganda für die PQ und die Unabhängigkeit."

Die Unis schienen mir eine gute Idee, vielleicht kam man an einen schüchternen Austauschstudenten, der kein Privatleben hatte und nicht allzu sehr stören würde. Unsere Wohnung war keine fünf Minuten von der UQAM entfernt und auch zu McGill kam man ganz gut zu Fuß. Die anderen beiden konnten man sehr gut mit dem Bus oder der Metro erreichen. Da würde sich schon jemand finden. Und so war es auch. Ich hatte mich zunächst auf die UQAM und McGill beschränkt, und wir konnten uns vor Anrufen kaum retten.

Stéphane aus Laval, ein Vorort von Montreal, durfte die Wohnung auch nur besichtigen, weil er mich persönlich am Telefon erwischt hatte und ich nun wirklich nur sehr schlecht hätte sagen können, dass wir eigentlich niemanden mit der Vorwahl „4-5-0“ aufnehmen wollten. Ich war nun vorgewarnt und sobald ich auf dem Anrufbeantworter „4-5-0“ hörte, löschte ich die Nachricht. Es gab mit Sicherheit ganz reizende Vorstadtmenschen, aber wir hatten nun mal eine gewisse Vorstellung von unserem neuen Mitbewohner oder unserer neuen Mitbewohnerin, und er oder sie ging nun einmal eher in Richtung schüchterner Austauschstudent. Und Stéphane war alles andere als schüchtern. Zum vereinbarten Termin kam er die Treppe hochgepoltert, überrannte Patrick und mich fast an der Eingangstüre oben und ging mit einer Selbstverständlichkeit durch unsere Wohnung, die uns sprachlos machte. Es war fast so, als besichtigten Patrick und ich unsere Wohnung.

„Ganz okay hier, die Küche ist ja anständig groß.“ Er machte unseren Kühlschrank auf, warf einen prüfenden Blick hinein. Patrick und ich schauten uns nur verdutzt an.

Dann ging er eigenmächtig durch die ganze Wohnung, schaute sich jedes Zimmer eingehend an, wir hinterher.

„Oh toll, ein Computer, wäre das möglich, dass ich den auch hin und wieder benutze?“

„Na ja …“ Patrick hatte nicht die Möglichkeit, seinen Satz zu Ende zu sprechen.

„Sag mal, das Viertel hier, ist das nicht laut? Ich kenne das ja nur von den Wochenenden, wenn ich mit meinen Kumpels herkomme und ordentlich einen draufmache. Hätte nicht gedacht, dass man hier auch wohnen kann.“

Ja, hätte ich am liebsten gesagt, es ist laut, weil Idioten wie du am Wochenende in die Stadt kommen, meistens in Dreier- oder Vierergruppen, sich betrinken, um drei Uhr alle zusammen aus den Kneipen herauskommen – denn um drei Uhr schließen sie – und durch die Gegend grölen.

„Geht so“, sagte Patrick leidenschaftslos, wir hatten uns sowieso schon gegen ihn entschieden, was sollte man sich da großartig auf eine Diskussion einlassen.

„Cool. Ja, die Wohnung passt mir. Ich sage euch dann Bescheid. Bis dann.“

„Bis dann“, murmelten wir ihm hinterher.

Er holperte die Treppen wieder hinunter, setzte sich in seinen tiefergelegten, roten Honda Civic, den er unvorschriftsmäßig vor der Tür geparkt hatte, und war verschwunden.

„Was war das denn?“, fragte ich bestürzt, denn ich hatte nun Angst vor den weiteren Kandidaten.

„Keine Ahnung. Jedenfalls nicht unser neuer Mitbewohner.“

Glücklicherweise war Stéphane der Einzige seiner Art, die weiteren Kandidaten waren ganz in Ordnung gewesen, aber irgendetwas hatte immer irgendwie nicht gepasst. Da waren zum Beispiel Maxime gewesen, ein Tontechniker, der während seiner zwanzigminütigen Besichtigungstour unserer Wohnung ununterbrochen von sich sprach und nicht eine einzige Frage stellte, und Sabine, eine Deutsche, die sich lieber einen Arm herausgerissen hätte, als mit einer deutschsprachigen Mitbewohnerin zusammenzuleben, denn sie wollte Französisch lernen.

Und dann stand Eileen vor der Tür: schlicht, natürlich und schüchtern. Sie kam aus Vancouver, studierte zwei Semester Geographie und Chemie an der Universität McGill und suchte nach einer frankophonen WG, um ihr Französisch zu verbessern. Es schien alles zu passen, auch Eileen zeigte sich angetan und wollte so schnell wie möglich einziehen, idealerweise am Tag darauf. Das ging uns zwar ein bisschen zu schnell, aber wir hatten es satt, Leute durch die Wohnung zu führen, und Eileen schien uns nun wirklich in Ordnung. Wir sagten zu und am nächsten Tag stand sie mit ihren zwei Koffern vor der Tür und bezog ihr Zimmer.

Wir hätten es als Warnsignal deuten können, dass sie am Abend mit einem tiefroten Pyjama aus ihrem Zimmer kam – es fehlte eigentlich nur noch das Ahornblatt und die kanadische Flagge wäre perfekt gewesen.

Februar

„Oh no, really?"

Ich war mir nicht ganz sicher, ob im Leben von Eileens Freunden ständig etwas Umwälzendes passierte und das Leben in Vancouver fürchterlich aufregend war oder ob sie einfach über ein sehr lautes Organ verfügte. Jedenfalls telefonierte Eileen oft, gerne, lange und lautstark. Und da wir zu Vancouver einen Zeitunterschied von drei Stunden hatten und sie in Montreal noch keine Freunde zu haben schien, telefonierte sie meist abends um elf oder zwölf Uhr. Und es dauerte selten länger als ein paar Sekunden, da rief sie auch schon ungläubig: *„Oh no, really?"* Zwar ging sie meist in ihr Zimmer oder ins Wohnzimmer, aber es machte keinen Unterschied, sie hätte sich genauso gut ein Handtuch über den Kopf hängen und neben mir stehen können. Und wenn Eileen an der Strippe hing und unser verrückter Nachbar seine grässliche Technomusik hörte, dann hatte ich eigentlich nur eine Wahl: raus aus dem Haus.

Der Abend war noch jung, kurz vor neun, ich beschloss, zur Buchhandlung Renaud-Bray zu schlendern und ein bisschen zu schmökern. Ich fand es immer noch fabelhaft, abends in eine Buchhandlung gehen, Lebensmittel einkaufen oder auch nur einen Kaffee im guten, alten „Second Cup" trinken zu können. Es war ein anderes Leben als am Tag, die Leute waren entspannter. Ich suchte mir einen Bildband aus, ließ mich in einen Sessel fallen und genoss es, dass es um mich herum noch Leben gab. Zu Hause, im tiefsten Baden-Württemberg, hätte ich um diese Uhrzeit bestenfalls zu einer Tankstelle fahren können, dort hätte ich nicht lange gedankenverloren in den Zeitschriften geblättert; es hätte mich bestimmt bald jemand darauf hingewiesen, dass ich das entsprechende Objekt auch kaufen konnte.

In Deutschland wiederum hätte es nicht unbedingt einen Anlass gegeben, aus dem Haus flüchten zu müssen. Dort isolierte man wenigstens anständig. Eileen hätte in aller Ruhe in den Hörer brüllen, der Nachbar hätte auch noch ein paar Dezibel lauter Musik hören können, während ich mir in aller Ruhe eine Talkshow angesehen hätte. Aber alles in allem war ein Spaziergang durch das nächtliche Montreal bereichernder als eine gut isolierte Wand, dessen war ich mir fast sicher.

Ich hatte mir einen Bildband über Brasilien ausgesucht. Draußen war es kalt, aber nicht kalt genug für den Schnee, der langsam schmolz und zu Matsch wurde, *de la slush*, wie der Quebecer sagte. Da bot sich ein Bildband über Brasilien an, fand ich. Und während ich Bilder von sonnenüberfluteten Stränden sah, überlegte ich mir, wie es wohl kam, dass ich als Süditalienerin – und das war ich ja wohl irgendwie auch noch – immer in nördlichen Ländern landete. Etwas weiter nördlich sagten sich die Eisbären gute Nacht. Aber noch bevor ich die Vor- und Nachteile des Quebecer Winters gegeneinander abwägen konnte, vibrierte es in meiner Hosentasche.

„Hi, was machst du gerade?“

„Ich schau mir Brasilien an“, flüsterte ich.

„Was? Na ja, egal, hast du Lust, ins ‚Else's‘ zu kommen?“

„Bist du alleine dort?“

„Nein, mit Kollegen.“

„Ja, okay, bin gleich da.“

Gleich war etwas übertrieben, zwanzig Minuten waren wohl realistischer, so lange brauchte ich vom *Village* – so nannte man das Viertel, in dem viele Homosexuelle lebten und in dem sich die Buchhandlung befand – bis zum „Else's" schon.

Es war ein kleines Lokal mit einer großen Fensterfront, man kam sich ein bisschen vor wie in einem Aquarium. Ich erblickte Patrick und seine beiden Kollegen schon von weitem, es war wieder voll, so dass ich mich an den Tischen vorbeizwängen musste, um zu ihnen zu gelangen. Ich bereute es nun bitter, nicht noch einmal kurz nach Hause gegangen zu sein und etwas Leichteres angezogen zu haben, es war doch zu heiß für einen Wollpulli. Patrick und seine Kollegen hatten schon einige leere Gläser vor sich stehen. Und auch einige Teller. Im „Else's" musste man nämlich etwas essen, wenn man Alkohol konsumierte. Denn es sah zwar aus wie eine ganz normale Kneipe, es hatte aber keine Alkohollizenz. Man konnte also nicht nur einfach ein Bier oder einen Wein trinken, man musste auch etwas zu essen bestellen. Orderte man Erdnüsse zum Wein, war der Gesetzgeber zufrieden.

Das mit dem Alkohol war überhaupt so eine Sache: Außer bei der staatlichen Alkoholgesellschaft kam man schwer an guten Alkohol. Zwar konnte man auch in Supermärkten billig Wein und Bier bekommen, wollte man allerdings eine gute Flasche Wein oder etwas Ausgefallenes, dann führte kein Weg an der SAQ vorbei, wo man dann tatsächlich die Qual der Wahl hatte – Weine aus Südafrika, Australien, den USA und natürlich auch aus Frankreich, Italien, Spanien und sogar aus Kanada. Der dort gekaufte Alkohol wurde fürsorglich in einer blickdichten Plastiktüte oder einer Papiertasche verstaut. Denn es war verboten, mit einer Flasche Bier oder Wein in der Hand aus dem Laden zu gehen.

„Hallo“, sagte ich schüchtern. Patrick war mit zwei Kollegen da, von denen ich einen schon kannte. Beide schienen sehr nett und aufgeschlossen, was auch am Alkohol liegen mochte, jedenfalls wirkten sie nicht so cool, wie man sich Filmschaffende vorstellt.

„Maria – Etienne – Ben“, stellte uns Patrick mit entsprechender Handbewegung vor.

Ich bestellte ein Bier und Nachos, Letztere sollten verhindern, dass ich im späteren Verlauf des Abends auf den Tischen tanzte, anders wusste ich das Gesetz mit dieser Alkohollizenz nicht zu deuten.

„Na, wie gefällt dir unser Winter?“, fragte Etienne.

„Kalt, aber schön.“

„Na, na, du kannst ruhig ehrlich sein“, warf Ben ein.

„Ja wirklich, ich mag das hier, ich konnte regnerische Winter noch nie leiden und bei uns regnet es nun einmal viel im Winter.“

„Ich glaube schon, dass sie es ernst meint, sie mag unsere Winter wirklich, zumindest bislang noch“, unterstützte mich Patrick, als er sah, dass mich beide verblüfft anschauten.

Und nachdem das Thema Wetter abgehakt war, kamen wie immer die ungemütlicheren Fragen.

„Was machst du denn so?“

„Sie spielt in letzter Zeit mit dem Gedanken, der PQ beizutreten“, stichelte Patrick.

Herzhaftes Gelächter am Tisch, während ich Patrick unter dem Tisch einen Tritt verpasste.

„Was, ehrlich?“, fragte Etienne ungläubig.

„Na ja, irgendwer muss das ja unterstützen, das mit der Unabhängigkeit“, sagte ich mehr als Witz denn aus Überzeugung.

„Ja, sicher, da bin ich ganz und gar mit einverstanden, darauf können wir erst einmal anstoßen. Wenn alle Einwanderer so denken wie du, dann schaffen wir es vielleicht beim dritten Referendum zur Unabhängigkeit."

„Na, da müssten ja einige einwandern."

„Jedes Jahr kommen schon 250 000 nach Kanada, 50 000 davon sucht sich die Regierung in Quebec selbst aus."

„Tatsächlich? Und nach welchen Kriterien suchen die sich ihre Einwanderer aus? Wer weiß, vielleicht hängt mein eigener Antrag auch davon ab!"

„Sprache, wirtschaftliche Faktoren und so weiter. Ich glaube, sie haben es bislang geschafft, dass fünfzig Prozent der Einwanderer bei ihrer Ankunft bereits Französisch sprechen."

„Hm."

„Na, aber ihr seid doch verheiratet, oder? Da dürfte eigentlich nichts schiefgehen."

„Ja, das dachten wir auch."

Ich wollte gerade aus meinem Glas trinken, als ich sah, wie Marc mit zwei Frauen im Schlepptau ins Else's kam. Er schien eine Antenne für das Thema Unabhängigkeit zu haben. Er suchte offensichtlich nach einem Platz, dann sah er uns, ich winkte ihn an unseren Tisch.

„Hallo", sagte er.

„Hi, wollt ihr euch zu uns setzen?"

Marc schaute seine Begleiterinnen an, die nichts dagegen zu haben schienen.

„Na dann", setzte Etienne noch einmal an, „auf deinen bevorstehenden Eintritt in die PQ."

Am liebsten wäre ich im Erdboden versunken. Denn jetzt schaute mich Marc mit großen Augen an und Patrick trank mit Genugtuung von seinem Bier.

„Freut mich", sagte Marc später, „hat gar nicht so lange gedauert, dich auf den rechten Weg zu bringen."

„Das war eigentlich nur ein Witz, aber in Anbetracht der Tatsache, dass ich generell nicht viel zu tun habe, könnte ich das eventuell in Erwägung ziehen."

Marcs Begleiterinnen hießen Marie und Annabelle, und sie verstanden es eindeutig besser als ich, auch bei minus fünfundzwanzig Grad attraktiv auszusehen. Unter den taillierten Daunenmänteln hatten sie die Zwiebeltechnik angewandt und je weiter der Abend voranschritt, desto mehr Schalen fielen ab. Jacke, Unterjacke, Unterunterjacke – das Ganze endete dann mit einem Top im einen Fall und einem weit ausgeschnittenen T-Shirt im anderen. Ich kam mir mit meinem Pulli vor wie ein Landei, und es bestand keine Möglichkeit, die Schalentechnik anzuwenden, denn unter meinem Pulli verbarg sich ein hässliches weißes Baumwollunterhemd. Ich musste noch einiges lernen.

„Ist da eventuell was für dich dabei?", fragte ich Marc, als die anderen alle in ein Gespräch vertieft waren.

„Also, nicht zum Heiraten", lachte er, „aber von der Bettkante würde ich beide nicht stoßen." Er machte eine kleine Pause und sagte dann etwas ernster: „Nein, nein, das sind gute Freundinnen, ich habe mit Marie schon an einigen Projekten gearbeitet und Annabelle ist eine gemeinsame Freundin."

„Soso. Ach, habe ich dir schon erzählt, dass wir eine neue Mitbewohnerin haben?" Marc schüttelte den Kopf. „Kommt aus Vancouver, eine waschechte Kanadierin."

„Verräterin. Und wie läuft es bislang?"

„Man wird sehen, ist ja noch ganz frisch."

Schließlich unterhielt sich jeder mit jedem über dies und dasreden alle laut durcheinander. Marc und Patrick unterhielten sich über die Leistung der *Canadiens,* die zu wünschen übrig ließ, Etienne plauderte mit Marie und Annabelle über eine neue TV-Serie und Ben versuchte mich davon zu überzeugen, dass er die ultimative Super-Bowl-Party schmeißen würde, mit den besten Spareribs der Stadt, einem Quiz und jeder Menge Bier, und dass Patrick und ich das auf keinen Fall versäumen durften. Ich hatte bereits ein paar Gläser Bier getrunken, so dass ich trotz gewissenhafter Einnahme von Erdnüssen und Nachos nicht einmal einem Super-Bowl-Abend abgeneigt war.

Und so amüsierte ich mich ganz prächtig und folgte den Gesprächen, bis die Wörter *Rock et Belles Oreilles*, kurz *RBO*, fielen. Hinter dem mysteriösen Namen verbarg sich eine Komikergruppe, die sich aus Guy A. Lepage, André G. Ducharme, Yves P. Pelletier und Bruno E. Landry zusammensetzte; sie hatte eine ganze Generation geprägt. Patrick war ein fanatischer Fan dieser Gruppe. Er hatte mir an einem erinnerungswürdigen Abend sämtliche im Jugendalter aufgenommenen Videokassetten gezeigt und mit Begeisterung die einzelnen Sketche kommentiert. Ohne Patricks Erläuterungen hätte ich keine fünf Minuten ausgehalten. *RBO* parodierte Werbungen und zog über kulturelle und politische Ereignisse in den Achtzigern und Neunzigern her.

Jedenfalls fiel das Wort *RBO* und keine zwei Sekunden später verstand ich nichts mehr. Denn nun wurden Witze wiederholt, besonders beliebte Sketche diskutiert und dann ging es um die einzelnen Mitglieder der Gruppe, die als solche nicht mehr existierte, und was die einzelnen Mitglieder heute machten und was der eine in der Sendung X gesagt hatte und wie passend das doch zur Situation Y gewesen war. Ich bemühte mich zunächst, der Diskussion zu folgen, aber ich hatte nicht die geringste Chance. Und dann schaltete ich ab, schaute aus dem Riesenfenster auf die riesigen Schneemassen und fand die Idee mit dem Aquarium witzig, das da mitten in der Schneelandschaft ausgesetzt worden war – die Nachos hatten ihre Wirkung vollkommen verfehlt, der Alkohol hatte gesiegt.

Und so war es mir auch recht, als einer aus der Runde vorschlug, die Kneipe zu wechseln und ins „Les Bobards" auf de, Boulevard Saint-Laurent zu gehen, wo öfter Livebands auftraten und man sich auf einer kleinen Tanzfläche austoben konnte. Ich wusste nicht, dass ich dort meinen ersten quebecer Star hautnah sehen würde. Es war voll, als wir ankamen, die Liveband war schon weg, und französische Siebzigerjahre-Musik dröhnte aus den Lautsprechern, die Tanzfläche war voll. Marc hatte am Eingang irgendwelche Leute getroffen, mit denen er sich angeregt unterhielt. Annabelle und Marie hatten auf die Schalentechnik verzichtet und waren gleich zum Top und ausgeschnittenen T-Shirt übergegangen, ich zerging weiterhin in meinem Wollpulli. Dann spürte ich, wie jemand im Vorbeigehen die Hand auf meine Schulter legte. Patrick sah mich mit großen Augen an, als ob er mir irgendetwas sagen wollte.

„Was ist denn?", schrie ich ihm ins Ohr.

„Das war eben Jean Leloup, der dich berührt hat."

Ich drehte mich schnell um und sah noch, wie er in Richtung Toiletten verschwand. Wir hatten sämtliche CDs von ihm zu Hause, ich fand ihn klasse, und jetzt hatte er mich doch tatsächlich berührt. Wohl mehr, um sich einen Weg zur Toilette zu schaffen, als aus irgendwelchen aufregenderen Gründen, aber immerhin, ein Star hatte mich berührt.

Für die anderen ging das Leben weiter: Es störte oder freute sich niemand sonderlich daran, dass ein Star sich im Lokal aufhielt. Das mag einerseits daran liegen, dass Jean Leloup eher als komischer Kauz gilt denn als Star, aber es mag auch daran liegen, dass die Quebecer ein entspanntes Verhältnis zu ihren Promis hatten. Man sah sie einfach überall. Ein und derselbe Star konnte morgens im Radio zu Gast sein, nachmittags eine Fernsehsendung komoderieren und abends bei einer Spendengala am Prominententelefon sitzen. Sie tummelten sich mit Vorliebe auf dem Plateau, in den Szenerestaurants oder Cafés, und führten, glaube ich, ein recht entspanntes Leben in dem Sinne, als sie abends ausgehen konnten, ohne eine Massenhysterie zu verursachen.

***

Der Valentinstag ging auch an uns nicht spurlos vorbei. Ihn zu ignorieren wäre ein Ding der Unmöglichkeit gewesen. Selbst der wortkarge Vietnamese im *dépanneur* um die Ecke hatte einen Herzsticker an seinem Hemdkragen angebracht. Diese kleinen Läden, die einem wortwörtlich „bei einer Panne halfen", wenn man es versäumt hatte, seinen Einkauf vor Ladenschluss zu erledigen, oder wenn man Bier brauchte oder Zigaretten, waren fest in asiatischer Hand. Meine Besuche im *dépanneur* um die Ecke waren nicht immer von Erfolg gekrönt, aber sie waren jedes Mal interessant. Er verstand mich nicht und ich verstand ihn nicht. An jenem Valentinstag hatte ich mir nur schnell ein Päckchen Kaugummis kaufen wollen, er aber schob mir ein Päckchen Herzchenpralinen über den Schalter und nickte heftig dazu. Ich beließ es dabei und lächelte ihn an.

Die ganze Stadt hatte sich in ein Riesenherz verwandelt. Das bedeutete nicht, dass man sich als Single in den Sankt-Lorenz-Strom stürzen musste, man konnte auch seinen Hund, seinen Goldfisch, seinen Pick-up oder seinen Computer lieben. Die Werbeindustrie war da ganz einfallsreich. Auch ich machte mich also auf, etwas Romantisches für den Abend zu organisieren, und zwar mit Leckereien von *„Vieille Europe"*, einem Feinkostladen auf dem Boulevard Saint-Laurent, wo ich Baguette und Käse kaufen wollte – den Wein würde ich bei der SAQ besorgen. Als ich nach Hause kam, war Patrick unter der Dusche, von Eileen war nichts zu sehen. Ich stellte meine Sachen im Esszimmer ab, wollte mich kurz im Schlafzimmer umziehen und stellte fest, dass sogar Patrick sich vom Valentinstagsfieber hatte anstecken lassen.

Ich sah seine mit Lippenstift auf den Spiegel geschriebene Botschaft, sah allerdings auch, dass er meinen teuren Lippenstift dazu benutzt hatte, und es gab einen Riesenstreit. Es folgte ein schlechtes Gewissen und dann ein Ende, wie man es sich für einen Valentinstag vorstellt.

***

Einige Tage später hielt ich sie in der Hand und konnte es kaum fassen. Ich rannte die Eingangstreppe hoch, lief wie ein kopfloses Huhn durch die ganze Wohnung und rief:

„Ich habe meine Arbeitsgenehmigung, ich kann arbeiten, ich hab meine Arbeitsgenehmigung, ich kann arbeiten!"

„Oh no, really?"

„Hier, schau."

Patrick war nicht zu Hause, ich rief ihn sofort an.

„Du wirst es nicht glauben, ich darf endlich arbeiten."

„Hey, herzlichen Glückwunsch, was ist mit der Aufenthaltsgenehmigung?"

„Die kommt wohl noch, sie behalten sich das Recht vor, mich eine Weile arbeiten zu lassen und dann zurückzuschicken, Hauptsache, ich darf endlich arbeiten."

„Schön, das müssen wir feiern. Ich hole dich nachher ab, dann gehen wir ins ‚Spirite Lounge', okay?"

„Was ist das denn?"

„Ein Restaurant."

„O ja, gute Idee."

Ich starrte meine Aufenthaltsgenehmigung an und ließ mich aufs Sofa fallen, und nach der anfänglichen Freude wurde mir dann auch bewusst, dass damit der Ernst des Lebens wieder begann, dass es aus war mit meinen Spaziergängen durch die Stadt, während alle anderen arbeiteten. Es war zwar keine Ausrede gewesen, nicht arbeiten zu können, aber es war bequem gewesen. Nun würden all die Dinge kommen, die ich eigentlich hasste: Stellenanzeigen studieren, Bewerbungsunterlagen verschicken, Vorstellungsgespräche führen – und das alles auf Französisch …

„Was machst du denn jetzt?", fragte Eileen, als ob sie meine Gedanken lesen konnte.

„Ja, keine Ahnung, mal sehen, irgendetwas mit meinen Sprachen." Dabei machte ich mir keine Illusionen, Deutsch und Italienisch waren in Montreal nur von begrenztem Interesse.

„Mal sehen, ich muss mir wohl etwas einfallen lassen."

„Ach, du findest bestimmt schnell was." Sie hatte ein breites, optimistisches Grinsen auf ihrem Gesicht. Sie war überhaupt so wahnsinnig positiv. Ständig.

„Ja, hoffentlich, mal sehen. Brauchst du was vom Supermarkt, ich gehe kurz einkaufen."

„Nein, danke."

Es wäre nicht zwingend notwendig gewesen, zum Supermarkt zu gehen, aber ich hatte Lust, mir die Beine zu vertreten und nachzudenken. Ich schlenderte durch die Reihen, kaufte ein paar unnötige Sachen und versuchte mir vorzustellen, wo ich einen Arbeitsplatz finden und ob und wie sich mein Leben dadurch verändern würde. Als ich an der Kasse ankam, beschloss ich, als neues Mitglied der arbeitenden Gesellschaft endlich einmal die Initiative zu ergreifen und etwas gegen moderne Sklaverei zu unternehmen. Ich sagte dem Jungen, der meinen Einkauf in Plastiktüten packen sollte, dass er das nicht machen müsse. Das war nicht mit anzusehen, dass da jemand zum Mindestlohn ausgebeutet wurde, nur um meine Tüten einzupacken, schließlich konnte ich das auch selbst machen. Ich dachte, ich würde etwas Gutes tun, stattdessen schaute er mich erschrocken an.

„Entschuldigung, gibt es ein Problem?“

„Nein, nein, aber ich kann die Tüten selbst einpacken, das geht schon, danke.“

„Aber warum denn, stimmt etwas nicht?“

„Nein, nein, es ist alles in Ordnung, aber ich kann das selbst, das müssen Sie nicht an meiner Stelle machen.“

„Gut, wie Sie möchten, aber dann bekomme ich Ärger mit meinem Manager, der sich fragen wird, warum ich Ihre Lebensmittel nicht eingepackt habe.“

So hatte ich das Ganze natürlich nicht gesehen. Er schien sich über meine Aktion wirklich nicht sonderlich zu freuen und verstand nicht, weshalb ich so ein Theater veranstaltete. Dabei wollte ich eigentlich nur freundlich sein. Ich war es nun einmal nicht gewohnt, dass der Kunde König war. Mittlerweile blickte mich die Kassiererin ungeduldig an und die Leute in der Schlange tuschelten auch schon.

„Na gut, dann packen Sie mir die Sachen bitte ein – schnell.“

***

Das „Spirite Lounge“ befand sich in der Rue Ontario im Osten, und man konnte von außen nicht erkennen, dass es ein Restaurant war. Von innen hatte es New Yorker Flair. Die Dekoration bestand hauptsächlich aus Alufolie und Leopardenfellen und die Lampen sahen aus wie riesige, leuchtende Lutscher.

„Du musst hier deinen Teller leer essen, sonst dürfen wir nie wieder herkommen", flüsterte Patrick mir zu.

„Wie bitte?"

Aber noch bevor er mir das genauer erklären konnte, kam auch schon der Besitzer herbeigeeilt. Er war mit seinen zu Hörnern gestylten Haaren selbst eine Attraktion.

„Hallo, wart ihr schon einmal hier, kennt ihr unser Konzept?"

„Nein", antworteten wir gleichzeitig.

„Na dann herzlich Willkommen, es kommt gleich jemand und erklärt euch alles." Er lächelte uns freundlich zu und verschwand in die Küche.

„Was gibt es denn da zu erklären?", fragte ich Patrick.

„Das ist ein vegetarisches Restaurant und man muss hier seinen Teller leer essen, sonst darf man nicht wiederkommen, mehr weiß ich auch nicht, hat mir jemand erzählt."

„Und wenn's mir nicht schmeckt?"

„Bonsoir, ça va?"

Wir grüßten zurück.

„Sind Sie zum ersten Mal da?"

Wir nickten.

„Schön. Wir haben hier im ‚Spirite Lounge' nur ein Menu, das ich Ihnen gleich vorstellen werde. Sie können drei verschiedene Größen bestellen, es gibt keinen Preisunterschied. Große Portionen, normal und Kinder. Es ist wichtig, eine Ihrem Appetit entsprechende Portion zu bestellen, denn wenn etwas auf dem Teller übrig bleibt, dürfen Sie keinen Nachtisch bestellen und müssen zwei Dollar Strafe bezahlen. Das ‚Spirite Lounge' zahlt die gleiche Summe dazu und spendet sie einer Wohltätigkeitsorganisation. Und wenn Sie einen Nachtisch bestellen und ihn nicht ganz aufessen, dann dürfen Sie unser Restaurant nie wieder betreten. Haben Sie Fragen?"

Wir schüttelten brav mit dem Kopf, mir war schon ganz mulmig. Irgendwie artete das ja fast in Stress aus.

„Schön, dann werde ich Ihnen nun unser Menu beschreiben, wenn Sie Fragen haben, dann melden Sie sich bitte."

Sie beschrieb das Menu bis ins kleinste Detail, jedes Gewürz, jede Zutat wurde genannt, wobei mir aufgrund der Sprache das ein oder andere Detail entging. Aber da ich einen gesunden Appetit habe und eigentlich so ziemlich alles esse, machte ich mir keine Sorgen. Und dass nur Bio-Produkte zur Zubereitung der Speisen verwendet wurden, war mir recht.

„Sagt Ihnen das Menu zu? Sie haben auch die Möglichkeit, nur Cocktails zu trinken, und falls es gar nicht nach Ihrem Geschmack ist, können Sie auch wieder gehen."

Was ich verstanden hatte, hatte sich gut angehört, und so schaute ich zu Patrick und nickte, auch er schien damit einverstanden und wir bestellten Cocktails und jeweils eine normale Portion des Menus. Ein bisschen überrascht war ich schon, ich konnte mich nicht erinnern, dass ich schon einmal in einem Restaurant darauf hingewiesen wurde, dass ich auch wieder gehen konnte, wenn mir das Menu nicht passte. Aber in diesem speziellen Kontext ergab es einen Sinn, wenigstens hatte man die Wahl, das Restaurant wieder verlassen zu können, und musste nicht auch noch mit einer Haftstrafe rechnen, wenn einem das Konzept und das Menu nicht passten.

Mit Erdbeercocktails stießen wir schließlich auf meine Arbeitsgenehmigung und auf mein neues Leben an.

„Herzlichen Glückwunsch!" Patrick hob sein Glas.

„Oh, es gibt etwas zu feiern, was auch immer es sein mag, herzlichen Glückwunsch", sagte der Besitzer im Vorbeigehen. „Hat man euch das Konzept schon erklärt?"

„Ja, wie ernst ist das eigentlich, das mit der Strafe und dem Hausverbot?“, fragte ich zaghaft.

„Ziemlich ernst, ich habe schon mehrfach Hausverbot erteilt.“

„Wie kommt man auf so eine Idee?“, fragte Patrick.

Der Besitzer erzählte uns, wie er in einem feinen Restaurant in Paris als Koch gearbeitet hat und wie verschwenderisch dort mit dem Essen umgegangen wurde.

„Ganze Berge an Nahrungsmitteln wurden abends weggeworfen, es widerte mich an, ja, und so bin ich auf diese Idee gekommen. So, aber jetzt lasse ich euch weiterfeiern, bis später.“

Wir hatten nicht die geringsten Probleme, unsere Vollkorncrêpes mit Mangosorbet und feinem Gemüse ganz aufzuessen, und auch die Cocktails ließen sich wunderbar trinken. So konnten wir uns sicher sein, wieder zurückkommen zu dürfen. Gott sei Dank.

März

Bevor der Ernst des Lebens für mich anfangen sollte, wollten wir ein paar Tage aufs Land fahren. Die Region Estrie bot sich für eine kleine Eskapade an, denn mit dem Auto war man in anderthalb Stunden da. MétéoMédia sagte für die kommenden Tage fünfzehn Zentimeter Schnee voraus. Das waren natürlich gute Voraussetzungen, um schnell noch etwas Wintersport zu treiben. Wir hatten uns mit Lara und François für drei Tage eine kleine Hütte an einem See gemietet. Ich freute mich schon darauf – knisterndes Kaminfeuer, Wein, Blick auf einen vereisten See, glitzernde Winterlandschaft und weit und breit keine Nachbarn. So stellte ich mir das vor und so wurde es auf der Website auch beschrieben – und Kanadier lügen nicht.

***

Wir waren nun vierzig Minuten unterwegs, und außer Schneeflocken sah man eigentlich nichts.

Ich hatte einen Riesenrespekt vor Schnee und Glatteis, den ich zweifelsohne von meiner Mutter geerbt habe. Sie hatte es gehasst, bei Schnee zu fahren, und wenn nur ein halber Zentimeter lag, weigerte sie sich, das Steuer in die Hand zu nehmen. Und so saß ich zunächst verkrampft auf dem Beifahrersitz, entspannte mich aber schnell, denn für Patrick schienen Schnee und Glatteis so aufregend zu sein wie für mich Regen.

Wir fuhren einige Male an der Einfahrt zu unserer Hütte vorbei, was hauptsächlich daran lag, dass Patrick die Vorschläge und Anmerkungen seiner Copilotin nicht beherzigte. Aber die Einfahrt zu der Hütte war auch schwer zu finden, denn es war ein Waldweg, der von der Hauptstraße abging. Und davon gab es nun einmal mehrere. Also parkten wir am Straßenrand, lasen uns die Wegbeschreibung durch, schauten uns die Karte an und kamen einfach nicht weiter.

„Vielleicht hätte man sich telefonisch erkundigen sollen", gab ich Patrick einen Tipp.

„Wie soll ich denn davon ausgehen, dass wir die Hütte mit dieser Wegbeschreibung nicht finden, liest sich doch wie eine anständige Wegbeschreibung." Patrick war nicht gut gelaunt „Das hättest du doch auch mal machen können, ständig muss ich diese Dinge in die Hand nehmen."

„Dein Französisch ist eben auch besser als meines, in Deutschland würde ich selbstverständlich solche Dinge erledigen und da wären wir jetzt wahrscheinlich auch schon am Ziel."

Lara und François saßen mucksmäuschenstill hintendrin, und wir waren so sehr mit uns beschäftigt, dass wir nicht einmal merkten, dass ein Polizeiwagen hinter uns parkte. Es klopfte am Fenster und ein großer, grimmiger Polizist schaute uns an.

„Alles klar?"

„Ja, alles klar." Patrick ließ das Fenster herunter, sichtlich genervt. „Dürfen wir hier nicht parken?"

„Geben Sie mir mal bitte Ihre Fahrzeugpapiere und Ihren Führerschein."

Patrick holte die Unterlagen aus einer Tasche und gab sie dem Polizisten. Der verschwand damit in sein Polizeiauto.

„Super."

„Ja, ganz toll." Fehlte nur noch, dass das Ganze wie in einem Roadmovie endete und ich meine Mutter das nächste Mal aus Mexiko anrufen musste.

Dann kam der Polizist wieder zurück, gab Patrick die Papiere zurück und warf einen Blick ins Auto.

„Also, wir beobachten Sie jetzt schon eine Weile, wie Sie hier die Straße hoch- und runterfahren und im Wald verschwinden und wieder diese Straße entlangfahren. Suchen Sie etwas?"

Es hatte zunächst nicht so ausgesehen, aber offensichtlich hatte dieser Sheriff ein scharfes Denkvermögen.

„Ja, wir suchen eine Hütte." Ob wir hier im Wilden Westen mit Diplomatie sehr viel weiter kommen würden, wusste ich nicht.

„Wessen Hütte?"

„Wessen Hütte? Das weiß ich nicht." Wir zeigten ihm unsere Unterlagen. Und da fing er plötzlich laut an zu lachen und hörte gar nicht mehr auf.

„Ja, da hätten Sie noch lange die Straße hoch- und runterfahren können. Fahren Sie uns hinterher, wir zeigen Ihnen den Weg."

Er hatte Recht, das hätte wohl wirklich noch länger dauern können. Denn was dann kam, glich einem Labyrinth, und ich fragte mich, ob wir da ohne Hilfe wieder herausfinden würden. Einige Minuten später waren wir da und der Anblick, der sich uns bot, war jedes einzelne Mal, das wir die dämliche Hauptstraße hoch- und runtergefahren waren, wert gewesen. Eine kleine, rote Holzhütte am See, Nachbarn schien es weit und breit keine zu geben, zumindest nicht in unmittelbarer Nähe, ansonsten nur Wald, so weit das Auge reichte.

„Na, dann viel Spaß!", rief der Polizist uns zu, nachdem er das Auto gewendet hatte.

„Wow, das ist ja traumhaft hier." Ich ging ein Mal ums Häuschen. Es war so ruhig, so einsam und verlassen. Und es roch so gut nach Wald und Winter.

Von innen sah es nicht so aus, wie man von außen vermutete: Man hätte es jedenfalls nicht als Modellhäuschen für ein Inneneinrichtungsbuch mit dem Titel „Kanadischer Holzhüttencharme" oder *„Canadian Interiors"* ausgewählt. Eingerichtet worden war es wohl in zwei Etappen. Erstmals in den Sechzigern, und was dann noch gefehlt hatte, war wohl kurzentschlossen in den Achtzigern dazugekauft worden. Ein braun-orangefarbener PVC-Boden rundete das Inneneinrichtungschaos ab. Es sah ganz so aus, als habe es sich der Besitzer bei der Einrichtung zum Ziel gemacht, dass nichts zusammenpassen sollte. Und es war ihm wirklich gelungen.

Mein Blick fiel auf den Kamin; bei einem Glas Wein und der funkelnden Beleuchtung des Feuers würde die Einrichtung keine Rolle mehr spielen.

Für den ersten Abend hatten wir genügend Essen mitgebracht, am folgenden Tag würden wir uns von den regionalen kulinarischen Möglichkeiten inspirieren lassen. Es wurde langsam dunkel, der Himmel schien bedrohlich niedrig, es würde wohl wieder schneien. Ich schaute aus dem Fenster und genoss die ruhige Schönheit dieser Winterlandschaft.

„Meinst du, man kann auf dem See spazieren gehen?", fragte ich Lara.

„Ich denke schon."

„Aber wir können uns nicht wirklich sicher sein, ist sonst weit und breit keiner zu sehen."

„Nein, aber bei den Temperaturen in letzter Zeit kann man schon davon ausgehen, dass der noch gefroren ist."

„Sollen wir's probieren?"

„Klar, warum nicht."

Wir zogen unsere dicken Mäntel, Mützen, Handschuhe und Stiefel an und gingen zum See. Ich war mir nicht so sicher, ob ich mich wirklich trauen sollte, über das Eis zu laufen. Es war kein kleiner Teich, es war ein großer See. Und wenn der nicht ganz zugefroren war? Und wenn mittendrin das Eis brach und wir ins Wasser fallen würden und uns das Seeungeheuer Memphré, für das die Region schließlich berühmt war, fressen würde?

Patrick stand schon auf dem See.

„Na, komm schon."

„Ich weiß nicht. Wir können vielleicht auch außen herum gehen – ist doch auch schön."

„Das ist nicht das Gleiche, nun komm schon, schau, der ist ganz sicher gefroren."

Zum Beweis sprang er auf dem Eis herum.

„In Ordnung, aber nur ein kleines Stück. Ich geh nicht bis zur anderen Seite."

Mir war mulmig, vielleicht hätte ich das doch mal lieber nicht vorschlagen sollen. Der Wein und das Kaminfeuer wären sicher aufregend genug geworden – auch zu viert. Aber es gab jetzt keinen Weg zurück, sonst hätte ich mir mein Leben lang vorgeworfen, dass ich es nicht wenigstens versucht hatte. Was konnte schon passieren? Fielen wir ins Wasser, dann würden wir eben nass werden, die Hütte war ja gleich nebenan. So versuchte ich, mir Mut zu machen. Patrick hampelte unterdessen immer noch vor mir herum, Lara war auch schon auf dem See. Die Quebecer hatten sich eben im Laufe der Jahrhunderte mit ihrer überwältigenden Natur angefreundet. Sie hatten auch keine andere Wahl gehabt, wir heute schon. François und ich standen unentschlossen am Ufer.

„Schade, dass wir keine Schlittschuhe haben.“

„Hm.“

Es dauerte seine Zeit, aber irgendwann freundete ich mich mit dem Gedanken an, auf einem riesigen vereisten See spazieren zu gehen, und ich schloss mich den anderen an. François folgte mir zögerlich. Am anderen Ufer schimmerte ein Licht im Wald, wir waren also doch nicht ganz alleine. Wie musste man sich ein Leben in diesen Wäldern vorstellen? Wie sollte man tagein, tagaus mit dieser Ruhe umgehen? Wir konnten es uns nicht vorstellen, denn wir waren an ein ständiges Hintergrundgeräusch gewöhnt. Wir bewegten uns in diesem Geräusch, lebten darin, gingen darin auf, verursachten es selbst und hörten es gar nicht mehr. Erst wenn es einmal wirklich ruhig war, fiel uns auf, dass wir eigentlich nie zur Ruhe kamen und es wahrscheinlich auch gar nicht wollten. Denn mit Ruhe musste man umgehen können.

„Gehen wir langsam wieder zurück? Ich habe Hunger.“

„Ja, wir sind lange durch die Gegend gefahren, das macht hungrig“, stichelte ich und hätte das lieber sein lassen sollen, denn Patrick packte mich und seifte mich mit Schnee ein und ich strampelte hilflos, wie eine auf den Panzer gefallene Schildkröte. Lara und François oder das, was von François unter den riesigen Kleidermassen übrig geblieben war, kamen mir auch nicht zu Hilfe. François war selbst unter den riesigen Kleidermassen viel zu kalt für solche Späße, er war ein deutlich milderes Klima gewohnt, außerdem konnte er sich mit den Handschuhen keine Zigaretten drehen, was ihm die Laune etwas verdarb. Und Lara hatte sich auf Patricks Seite geschlagen. Mit roten Backen und nassen Mänteln kehrten wir schließlich in die Hütte zurück und machten uns erst einmal eine heiße Schokolade.

Am ersten Abend wollten François und Lara sich um das Abendessen kümmern, sie hatten sich, warum auch immer, für Fisch entschieden, ein provenzalisches Gericht. Ich glaube, das erinnerte sie an ihre gemeinsame Zeit in Südfrankreich und sollte uns davon überzeugen, dass die mediterrane Küche der kanadischen um Längen voraus ist. Ein bisschen seltsam war das schon, hier in den tiefsten Wäldern, bei Temperaturen um den Gefrierpunkt, Fisch mit einer Mayonnaisesoße zu essen, aber es wäre etwas unhöflich gewesen, diesem Gedanken auch Ausdruck zu verleihen. Patrick und ich hatten uns vor dem Kamin niedergelassen, während François und Lara zunächst harmonisch in der Küche herumwerkelten. Hilfe hatten sie abgelehnt und zu sehr wollten wir uns nun auch nicht aufdrängen, dazu war das Kaminfeuer zu verführerisch. Ich entdeckte ein kleines Bücherregal, das ich nun nach einer kaminfeuertauglichen Lektüre durchstöberte. Michel Tremblay, Anne Hébert, Réjean Ducharme und weitere Klassiker. Ich entschied mich für Michel Tremblays Roman *La cité dans l'oeuf* und setzte mich wieder zu Patrick vor das Kaminfeuer. Es verging eine Stunde, ich hatte meinen Kopf mittlerweile auf Patricks Schoß gelegt, meine Beine in Richtung Feuer ausgestreckt und war in die Geschichte vertieft.

„Ich hab' langsam Hunger", flüsterte Patrick mir zu.

„Ja, ich könnte auch langsam etwas vertragen."

Ein Blick in Richtung Küche ließ aber überhaupt nicht hoffen, dass es nun bald etwas zu essen geben würde. Die Harmonie zwischen unseren beiden Freunden war geplatzt wie ein Seifenbläschen.

„Mehr Öl – sachte rühren – mehr Eier."

„Wir haben keine Eier mehr."

„Mensch, ich hatte dir doch gleich gesagt, dass du mehr

Eier hättest mitnehmen sollen, die Soße gelingt nicht immer auf Anhieb, das weißt du doch." Lara war sauer.

„Normalerweise klappt das prima, aber du wolltest die Mayonnaise unbedingt übernehmen und hast falsch gerührt. Man muss langsam und regelmäßig rühren und mit Gefühl und immer in die gleiche Richtung. Schließlich bereitest du hier keinen pâté chinois vor, sondern eine Mayonnaise."

Pâté chinois war für die Quebecer ungefähr das, was Spaghetti mit Tomatensoße für die Italiener waren: Es ließ sich schnell zubereiten und es gab so viele Varianten davon wie Einwohner. Hauptzutaten sind Maiscreme, Hackfleisch und Kartoffeln. Über die Herkunft des Namens wird viel spekuliert; man vermutet, dass er aus den Zeiten stammt, als massenweise chinesische Arbeitskräfte ins Land geholt worden waren, um der Eisenbahngesellschaft *Canadian Pacific Railway* beim Bau der transkontinentalen Strecke zu helfen.

Ich wartete jetzt nur noch darauf, dass François behauptete, französische Hühner legten bessere Eier als die kanadischen, und dass die Soße deswegen nie hätte gelingen können, aber er ersparte uns das.

„Dann besorg eben neue Eier."

„Wir sind hier mitten in der Pampa, wo sollen wir um neun Uhr abends noch Eier kaufen?"

Die Vorstellung, gegarten Fisch und trockene Pellkartoffeln zu essen, widerstrebte mir etwas, aber die beiden taten mir auch leid, immerhin hatten sie buchstäblich eine geschlagene Stunde lang versucht, diese Aïoli-Soße zuzubereiten, aber die Soße wollte einfach nicht binden und die Eier waren nun alle.

„Also, das geht auch ohne Soße, macht euch mal keine Sorgen."

„Ja genau, das geht auch ohne Soße", versuchte nun auch Patrick sie aufzumuntern.

„Nein, unmöglich." François saß geknickt am Tisch und starrte verzweifelt in die Schüssel mit der vermasselten Aïoli. Das Essen war eben heilig in Frankreich.

„Meine Güte", sagte Lara, „das ist doch kein Weltuntergang."

„Für mich schon."

Die Diskussion wurde wieder etwas lauter und Patrick und ich verzogen uns wieder in unsere Ecke, wenn auch nur widerwillig, denn es war spät und wir hatten wirklich Hunger.

Schließlich kamen beide ins Wohnzimmer.

„Wir sollten vielleicht essen gehen."

„Ja, fantastische Idee." Patrick sprang sofort auf. „Ob wir um diese Uhrzeit noch was finden, ist fraglich, aber wir können es probieren."

Lara, François und ich zogen uns an und gingen raus, Patrick suchte noch nach der Karte, wenn ich auch bezweifelte, dass sie uns aus diesem Waldweglabyrinth helfen würde. Es hatte geschneit, die Fensterscheiben des Autos mussten erst einmal freigeschaufelt werden.

„Das könnte problematisch werden, hier wieder rauszukommen." Laras Zweifel waren nicht ganz unberechtigt, denn die Einfahrt zur Hütte war ziemlich steil.

„Kein Problem." François ergriff die Initiative. „Gib mir mal die Autoschlüssel, das krieg ich schon hin." Er war Künstler, aber auch ein viriler Südländer.

Locker schloss er das Auto auf, ließ den Motor an, wartete einige Sekunden und drückte aufs Gaspedal – nichts. Der Motor heulte auf, die Reifen drehten durch, aber das Auto bewegte sich keinen Millimeter.

„Soll ich mal?", fragte Lara vorsichtig. „Ich glaub nicht, dass das so etwas wird."

„Doch, doch, das wird schon."

Das gleiche Schauspiel wiederholte sich, das Ergebnis war das gleiche, das Auto rührte sich nicht von der Stelle. Endlich kam Patrick.

„So wird das nichts, lass mich mal", sagte Patrick etwas ungeduldig, immerhin war das der Motor seiner Mutter, der da jedes Mal sinnlos aufheulte.

Patrick ließ den Motor an, gab ein bisschen Gas, das Auto bewegte sich einen Ruck nach vorne, er legte den Rückwärtsgang ein, fuhr ein kleines Stücken zurück, dann wieder vor und wiederholte das Ganze einige Male. Und schließlich fuhr er die Auffahrt hoch – recht problemlos. Nicht ganz ohne Genugtuung blickte ich François an, schlug ihm auf die Schulter und wollte schon fast sagen, dass er sich mal lieber auf die mediterrane Küche konzentrieren sollte, die er wirklich beherrschte, aber da fiel mir in letzter Sekunde die missratene Mayonnaise ein und ich sagte lieber gar nichts.

Was machte man nun an einem Freitagabend in den Wäldern der Estrie, wenn man Hunger hatte? Wir hatten nicht die geringste Ahnung und fuhren planlos durch die Gegend. Eines stand fest, es sah ziemlich dunkel aus. In den kleinen Dörfern schien alles geschlossen zu sein. Eine Videothek war offen und ein *dépanneur*. Wir fuhren aus dem Dorf hinaus und waren schon drauf und dran, uns mit kaltem, gegartem Fisch zufriedenzugeben, als wir ein unscheinbares Holzhaus am Straßenrand erblickten. Durch das Scheinwerferlicht konnten wir erkennen, dass wir beim *„King de la patate"* angelangt waren.

„Fantastisch!" Patrick war sofort begeistert. „Passt euch das?"

„Ich glaube nicht, dass wir eine andere Wahl haben." Lara war pragmatisch.

François und ich schwiegen beredt, sahen dann aber auch ein, dass es nichts brachte, stundenlang durch die Gegend zu fahren. Und so marschierten wir die Holztreppen zum Eingang hoch. Das *„King de la patate"* hatte eine hellblaue Fassade, durch die Fenster konnte man nichts sehen, sie waren alle beschlagen. Dass die Türe sich noch öffnen ließ, hatte nichts mehr mit Mechanik zu tun, sondern nur noch mit Zufall. Kaum waren wir drinnen, schlug uns der Geruch von Bratfett entgegen. Meine Brille beschlug sofort, ich hörte den Sänger Garou im Hintergrund singen. Als ich wieder etwas erkennen konnte, sah ich, dass im Königreich der Kartoffel viel los war. Jedenfalls wenn man bedachte, dass man mitten im Nirgendwo war. Der König der Kartoffel – es war zumindest einmal anzunehmen, dass er es war – hob seine Hand zum Gruß und zeigte auf einen Tisch am Ende des Raumes, gleich neben dem Billardtisch, an dem gerade eine Partie gespielt wurde. Das Publikum war bunt gemischt und für einen kurzen Augenblick wurden wir als Eindringlinge gründlich in Augenschein genommen. Es kamen wohl nicht oft „Fremde" hierher.

Wie der Name des Lokals erahnen ließ, gab es die Kartoffel in allen Formen und Varianten, Country Style oder gewöhnliche Pommes frites, zur Poutine verarbeitet – also mit Barbecuesoße und Käse – oder auch als schlichte Ofenkartoffel. Die anderen Klassiker, Hamburger, Cheeseburger, Hot Dogs, konnte man natürlich auch bestellen.

„Avez-vous fait votre choix?"

Er lächelte uns freudig entgegen, viele Zähne hatte er nicht mehr.

„Seid ihr aus Montreal?"

Wir nickten.

„Ich würde nicht mit euch tauschen wollen."

„Warum nicht?", fragte Lara interessiert.

„Man liest immer so viel Schlechtes über die Stadt. Es ist schmutzig und voll und gefährlich. Da geht es uns hier besser. Nicht wahr, Marcel?“ Er schlug Marcel, der am Tresen stand und wahrscheinlich ein Stammgast war, mit der Faust auf den Rücken und lachte herzhaft.

„Das kannst du laut sagen. Ich habe erst heute wieder was gelesen über eine Schießerei in Montreal.“ Er zeigte dabei auf eine zusammengerollte Zeitung auf einem Tisch, die so bunt war, dass es sich eigentlich nur um das Klatschblatt *Journal de Montréal* handeln konnte. *„C'a pas de bon sens.* Verrückt ist das.“

„Fahren Sie denn nie nach Montreal, so weit ist das ja nicht?!“ Ich wagte es, meinen Mund aufzumachen.

„Gott bewahre, nein. Was soll ich dort? Über drei Millionen dicht zusammengedrängte Menschen sind mir drei Millionen zu viel. Wir haben doch genug Platz in diesem Land, müssen uns doch nicht auf einem Haufen drängen. Außerdem haben wir hier alles, was wir brauchen, nicht wahr, Marcel? Wir haben sogar einen *club de danseuses*, was will man mehr?“ Er zwinkerte seinem Freund zu.

Ich dachte an mein idyllisches Kanada-Bild: Berge, Seen, Wälder, Bären, Schnee, sehr viele Schnee, und fügte nun widerwillig noch den Stripteaseclub hinzu.

„Wo kommen Sie denn her, *Mademoiselle*?“, erkundigte sich Marcel.

„Aus Deutschland.“

„Aha.“

So reagierten die meisten, wenn sie erfuhren, woher ich kam. Bei der älteren Generation mochte noch etwas Misstrauen vorhanden sein und bei der jüngeren Gleichgültigkeit. Jedenfalls brachen die Leute nicht gerade in Begeisterung aus, wenn sie erfuhren, dass ich aus Deutschland kam. Manchmal störte mich das und ich versuchte, ihnen mit aller Gewalt noch ein kleines Lächeln abzugewinnen, indem ich ihnen mühsam erklärte, dass ich eigentlich Italienerin war.

François hatte da leichteres Spiel, jeder kannte irgendjemanden aus Frankreich oder hatte Verwandte dort oder kannte jemanden, der jemanden kannte, der jemanden kannte, der aus Frankreich kam oder dorthin ging. Oder man hatte einen französischen Film gesehen oder erinnerte sich an Louis de Funès. Prompt wurde François als Franzose entlarvt, was nicht weiter schwer war, es stand ihm eigentlich auf der Stirn geschrieben, und zwei Europäer im *„King de la patate"* waren ein Grund zu feiern.

„Das kommt nicht allzu oft vor, dass wir so einen exotischen Besuch haben, das muss gefeiert werden, ich spendiere euch ein Bier und euer Essen ist auch gleich bereit."

Er war liebenswert, der König der Kartoffel, und womöglich hatte er Recht, vielleicht lebte es sich hier auf dem Land tatsächlich besser – wenn man den Geruch von Bratfett mochte, mit den Bären gut auskam und mit dieser unbeschreiblichen Ruhe umgehen konnte.

***

Am nächsten Tag stellte sich heraus, dass François nicht die Absicht hatte, Sport zu treiben. Ich auch nicht unbedingt, aber die Bratkartoffeln und das Bier vom Vorabend lagen mir schwer im Magen und ich fand, dass ich etwas dagegen unternehmen musste. Unser Franzose saß am Kamin, drehte sich eine Zigarette und fiel aus allen Wolken, als wir vom Naturpark Mont Orford sprachen und von Langlaufski. Aber dann, nach einer langen Bedenkzeit, raffte er sich auf und kam mit. Vielleicht hätten wir beide zu Hause bleiben sollen, er hätte sich in Ruhe Zigaretten drehen können und ich hätte mein Buch zu Ende gelesen, stattdessen verbrachten wir unsere Zeit mit Sport. Wir waren beide schlechte Skilangläufer und waren die meiste Zeit damit beschäftigt, uns gegenseitig nach einem Sturz wieder auf die Beine zu helfen. Ich glaube, Lara und Patrick hatten richtig viel Spaß. Sie genossen es, an den Tannenwäldern vorbeizugleiten, die Waldluft einzuatmen, und erklärten fröhlich, Langlaufski sei ein Sport für die Seele.

Am Abend besichtigten wir Magog, ein hübsches Städtchen, in dem viele Ökos lebten. Wir gönnten uns Bio-Hamburger in einem kleinen Lokal, das nur biologisch kontrollierte Lebensmittel verwendete. Die Hamburgerbrötchen waren hausgemacht und auf Fleisch wurde weitestgehend verzichtet – so dass es eigentlich auch keine richtigen Hamburger waren. Aber wenn man unbedingt Fleisch wollte, bekam man es und hatte die Garantie, dass die Tiere bis zu dem Zeitpunkt, da sie geschlachtet worden waren, glücklich und zufrieden gelebt hatten. Es war nicht viel los und so unterhielt sich der Besitzer mit uns über Gott und die Welt – wie er das Bistro eröffnet hatte, warum es wichtig war, sich gut zu ernähren, und weshalb man nicht über das Monster Memphré lachen sollte. Es war etwas dran an dieser Geschichte mit dem Ungeheuer, da war er sich sicher. Wir machten noch einen herrlichen Spaziergang um den See Memphrémagog, leider ohne das Monster zu sehen. Der Nebel war an jenem Abend einfach zu dicht.

April

Ich hatte mich in der Tourismusbranche beworben, weil ich mir dort mit meinen Fremdsprachenkenntnissen den größten Erfolg versprochen hatte. Und tatsächlich meldete sich knapp eine Woche später ein Hotelverband. Sie suchten jemanden, der telefonische Reservierungen für Hotels in ganz Quebec entgegennahm. Nicht gerade ein Traumjob, aber ein Anfang, dachte ich mir und ging erwartungsvoll zum Vorstellungsgespräch.

„Gut, soll ich dann einen Vertrag unterschreiben?"

Meine zukünftige Chefin sah aus wie Angela Channing aus der Achtzigerjahre-Fernsehserie „Falcon Crest", nur war sie blond und sie benutzte wahrscheinlich noch mehr Haarspray, denn es bewegte sich kein einziges Haar, als sie sich vorbeugte und den Kopf schüttelnd lächelte.

„Il n'y a pas de contrat, ma belle."

„Keinen Vertrag?"

„Nein, Schätzchen, aber ich finde es toll, dass du danach fragst, das zeigt, dass du seriös bist. Ich mag die Deutschen, sie sind diszipliniert. Ich sehe schon, wir werden uns ganz hervorragend verstehen. Du kannst am Montag anfangen. Isabelle wird dich dann einlernen."

Ich ging mit gemischten Gefühlen nach Hause. Einerseits fühlte ich mich gut, weil ich einen Job in der Tasche hatte und weil das schneller gegangen war, als ich es mir erträumt hatte. Andererseits war es vielleicht auch ein bisschen zu schnell gegangen – vielleicht sollte ich nicht das erstbeste Angebot annehmen, vielleicht würde ich noch etwas Besseres finden können? Vielleicht aber auch nicht, womöglich würde ich noch Monate warten, wenn ich dieses Angebot ausschlug. Aber drei Mitarbeiter, inklusive Chefin, waren doch sehr wenig – was war, wenn die Stimmung schlecht war? Und dann war das ja auch kein Vorstellungsgespräch gewesen, ich hatte mich auf irgendeinen Job beworben und Angela Channing hatte irgendjemanden genommen. Was sollte ich tun?

„Ist das normal, dass es hier keinen Vertrag gibt?" Ich saß mit Patrick im Sainte-Élisabeth vor dem Kaminfeuer. Die Kneipe war im Winter attraktiv, weil diese Kaminfeueratmosphäre entstand, und im Sommer, weil sie über einen herrlichen Innenhof verfügte.

Der Kellner brachte uns das Bier, ein *Boréale* und ein *Fin du monde*, und stellte sie auf dem Tisch ab. Patrick bezahlte, der Kellner blieb wie angewurzelt stehen.

„Das ist zu wenig Trinkgeld."

Ich war verblüfft, denn das kam selten vor in Kanada, wo der Kunde König war. Aber offensichtlich konnten Bedienstete der Gastronomie sich beschweren, wenn man nicht die üblichen fünfzehn Prozent Trinkgeld hinterließ, denn rein theoretisch mussten Kellner einen gewissen Anteil ihres Trinkgeldes versteuern.

Patrick war das peinlich, das konnte ich sehen. Er gab dem Kellner ein paar Münzen, der daraufhin endlich verschwand. Besonders sympathisch war er nun wirklich nicht gewesen. Man hätte das Trinkgeld verweigern sollen, dachte ich mir, denn diese Option hat man als König Kunde natürlich schon, wenn der Service schlecht ist.

„Was sagtest du?"

„Ob es hier grundsätzlich keine Arbeitsverträge gibt? Ich meine, das ist schon ein bisschen seltsam, oder?"

„Nein, das kann schon sein, vor allem bei so einem kleinen Unternehmen, wie viele Mitarbeiter sind denn da?"

„Drei, mit mir und der Chefin."

„Das heißt dann eben, dass du den Mindestregelungen des Arbeitsschutzgesetzes unterliegst, den *Normes du travail*, moderne Sklaverei könnte man auch sagen."

„Hm."

„Wie war denn das Vorstellungsgespräch, sind die Leute wenigstens nett?"

„Du meinst, sind meine Chefin und meine Kollegin nett? Ja, schon. Die Chefin ist ein bisschen seltsam. Im Grunde hat sie sich nur dafür interessiert, wie ich den Winter hier finde und ob ich schon einmal in einer *cabane à sucre* war. Und das war's eigentlich, also besonders anspruchsvoll kann der Job nicht sein. Was hat es eigentlich mit diesen *cabanes à sucre* auf sich?"

„Dort huldigt man dem Ahornsirup. Ist Tradition hier im März und April, wenn der Saft im Zuckerahorn zu fließen beginnt, da wird in diesen Zuckerhütten, *cabanes à sucre*, gegessen, getrunken und zu Folkloremusik getanzt."

„Lohnt es sich, da mal hinzufahren?"

„Kann man schon machen, aber dazu sind wir fast ein bisschen zu spät dran – nächstes Jahr dann. Und das war alles, mehr wollte sie nicht wissen?"

„Ja, so ein paar allgemeine Sachen, aber ich glaube, das war die Essenz des Gesprächs."

„Hört sich nach Babyboomer an, wie alt ist sie denn so ungefähr?"

„Na ja, sie gibt sich wirklich viel Mühe, vielleicht sogar zu viel, aber ich würde sie schon auf sechzig schätzen."

„Sag ich's doch, Babyboomer, eine wahre Plage, die ganzen Chefetagen in Montreal sind voll davon."

„Ja nun, das ist eben die Generation, das wird bei uns auch nicht anders sein."

„Aber bei euch ist diese Generation bescheiden aufgewachsen, vermute ich, unseren Babyboomern ging es zu gut, sie haben immer alles bekommen, daher dieses süffisante Verhalten."

„Hm."

„Armes Schätzchen", er strich mir über den Kopf, „du musst es nicht machen, vielleicht findest du noch etwas anderes."

„Und wenn nicht?"

„Sei nicht so negativ, natürlich kannst du auch noch etwas anderes finden. Das Geschäftsviertel ist zwar ziemlich glamourös, aber wenn du kein gutes Gefühl hast ..."

„Das Büro ist gerade einmal so groß wie unser Wohnzimmer und dein Arbeitszimmer, also so glamourös ist das nicht. Eher Schein als Sein, glaube ich, das passt auch zu ihrem Äußeren. Die Sicht vom 30. Stock allerdings, die ist schon ziemlich toll."

„Dann kannst du nach der Arbeit mal ins ‚737' gehen, eine schicke Kneipe in der obersten Etage, da muss man allerdings schon im kleinen Schwarzen hingehen."

„Dann ist das zurzeit wohl nichts für mich, ich passe doch nicht einmal mehr in das große Braune, das kleine Schwarze kommt da gar nicht in Frage."

Patrick verdrehte die Augen.

„Ach, ich glaube, ich mach's trotzdem. Meine Kollegin sieht ganz nett aus. Angela Channing hin oder her, mir fällt langsam die Decke auf den Kopf und Eileen geht mir auf die Nerven."

„Was, schon?"

„Ach manchmal, na ja, ist nicht so schlimm, es liegt vielleicht eher daran, dass ich endlich mal was machen muss, dann habe ich auch nicht so viel Zeit, über Eileen nachzudenken. Ist dir schon einmal aufgefallen, dass sie immer englische Nachrichten anschaut?"

„Na ja, sie kommt eben aus Vancouver."

„Ja, aber sie wollte ihr Französisch verbessern. Sie schaut überhaupt nur englischsprachige Sendungen an."

„Ja, da ist was dran."

„Und irgendwie, ich weiß auch nicht warum, die englischsprachigen Sendungen gehen mir auf die Nerven. Sie könnte auch einmal einen Blick in eine französischsprachige Zeitung werfen, wenn ihr soviel daran liegt, ihr Französisch zu verbessern. *Voir* liegt doch überall kostenlos aus, da könnte sie sich doch einmal informieren, was das frankophone Montreal so treibt. Was macht sie stattdessen? Sie liest bloß *The Hour*. Wenn sie fernsieht, guckt sie nie *Radio-Canada*, sondern immer nur die englischen Sendungen auf *CBC*. Außerdem isst sie morgens immer nur eine halbe Banane, ist dir das schon aufgefallen? Die andere Hälfte lässt sie dann offen im Schrank liegen – unmöglich."

„Vielleicht solltest du den Job doch annehmen, ich glaube, du brauchst tatsächlich ein bisschen Abwechslung."

Ich ließ mich auf das Sofa zurückfallen.

„Ja, denke ich auch, sonst kommt es womöglich noch zum Bananenstreit zwischen mir und ihr."

Patrick lächelte. „Ja, und obwohl das sicher nicht uninteressant wäre, solltest du das besser nicht herausfordern."

***

Ich versuchte mir zu erklären, warum mir diese Sache mit Eileen so auf die Nerven ging. Denn im Grunde genommen schauten wir auch nie englische Sendungen, lasen nie den *Hour*, hielten uns selten im *Ghetto* auf und machten auch sonst keine Anstalten, die anglophone Seite der Stadt kennen zu lernen. Patrick hatte keine anglophonen Freunde und so wussten auch wir nicht viel von der „anderen Seite". Allerdings gaben wir auch nicht vor, unser Englisch verbessern zu wollen.

Es war erstaunlich, wie sehr der Alltag von der Sprache bestimmt war. Anglophone und frankophone Montrealer sahen verschiedene Fernsehprogramme, lasen verschiedene Zeitungen, besuchten verschiedene Theater, gingen in verschiedene Konzerte, aßen in verschiedenen Restaurants, studierten an verschiedenen Universitäten. Und ihre Kinder lernten in verschiedenen Schulen aus verschiedenen Schulbüchern. Es waren eigentlich zwei Welten, die nebeneinander existierten und nur selten aufeinander zugingen, es waren wirklich *„Two solitudes"* – zwei Einsamkeiten, wie es der kanadische Schriftsteller Hugh MacLennan 1945 in einem berühmten Roman genannt hatte.

***

Das Geschäftszentrum war zwanzig Minuten zu Fuß von uns zu Hause entfernt, nicht weit also, und doch eine ganz andere Welt. Es roch nach Geld. Im Erdgeschoss warteten elegant gekleidete Geschäftsleute auf die Aufzüge. Anwaltskanzleien, Ärzte, Finanzunternehmen, Parteizentralen gehörten zu den Mietern, und auch mein kleiner Hotelverband. In dem täglich frisch polierten Marmorboden konnte man sich fast spiegeln, so strahlend sauber war er. Die Reihe der Taxis, die vor dem Eingang warteten, ließ erahnen, dass es auf einen Dollar mehr oder weniger nicht ankam.

Um acht Uhr morgens wirkte Montreal noch etwas verschlafen. Ich konnte vom Büro aus sogar unsere Wohnung sehen. Patrick drehte sich wahrscheinlich genüsslich im Bett herum und schlief friedlich, und Eileen aß wahrscheinlich gerade eine halbe Banane und steckte die andere Hälfte in den Küchenschrank.

„Schätzchen, magst du mir kurz einen Kaffee holen gehen und einen Muffin, ich brauche morgens meine Dosis Süßes." Meine Chefin lächelte freundlich, es bewegte sich nie auch nur ein Haar auf ihrem Kopf.

„Ja, sicher. Isabelle, möchtest du auch was?"

„Nein, danke."

Als neues Mitglied in dieser sehr überschaubaren Arbeitshierarchie war es meine Aufgabe, morgens Kaffee und Muffins zu holen. Und das war mir auch ganz recht, so konnte ich mir die Beine vertreten und wenigstens kurz in den Montrealer Geschäftsuntergrund abtauchen. Sehr lange konnte ich dort nicht verweilen, denn Muffins und Cafés gab es an jeder Ecke, es wäre also aufgefallen, wenn ich zu lange weggeblieben wäre, aber ein bisschen Schaufensterbummeln war drin und Schaufenster gab es da unten unendlich viel, denn die verschiedenen Geschäftsviertel der Innenstadt waren unterirdisch miteinander verbunden und sie verfügten alle über ein riesiges Angebot an Läden und Restaurants, Cafés und Kinos. Regen und Unwetter taugten in dieser Stadt nicht zur Ausrede, nicht konsumieren zu wollen.

Nach meinen Kurzausflügen kam ich meist mit guter Laune zurück, verlor sie aber meist ebenso schnell wieder.

„Wann möchtest du eigentlich frei haben – Karfreitag oder Ostermontag, *ma belle*?"

„Sind denn nicht beide gesetzliche Feiertage?"

„Ja, schon, aber erst im zweiten Jahr wirst du an beiden Tagen frei haben. Aber du darfst dir aussuchen, welchen Tag du möchtest." Sie schien Dankbarkeit zu erwarten für diese großzügige Geste. Aber wahrscheinlich stand mir die Enttäuschung ins Gesicht geschrieben. Nicht dass mir Ostern bis dahin besonders viel bedeutet hätte, aber an diesen Feiertagen arbeiten zu müssen widerstrebte mir sehr.

„So ist das eben im Tourismusbereich, Herzchen." Sie selbst nahm an beiden Tagen frei.

„Karfreitag."

„Schön."

„Wie ist das denn generell mit Urlaub?", erlaubte ich mir, zu fragen.

„Urlaub? Du hast im ersten Jahr keinen Anspruch auf bezahlten Urlaub, aber wenn du nicht gerade zur Hochsaison wegfahren willst, dann können wir uns bei Gelegenheit über unbezahlten Urlaub unterhalten."

„Ein ganzes Jahr ohne Urlaub?"

„Ja, wie gesagt, wenn es sich vereinbaren lässt, kannst du unbezahlten Urlaub nehmen."

Das waren zu viele schlechte Nachrichten für einen Tag. Ich setzte mich an meinen Arbeitsplatz und schmollte. Nicht dass es jemand gemerkt hätte, aber innerlich schmollte ich. Länger als ein Jahr hatte ich es bislang nirgendwo ausgehalten, ich musste in diesem Land also meine Einstellung ändern oder ich würde nie bezahlten Urlaub bekommen.

Mittlerweile war es etwas wärmer geworden und ich freute mich auf den Frühling. Der Schnee war endgültig geschmolzen, in den Schaufenstern lächelte einem die Frühlingsmode entgegen und ich konnte mich endlich auf einen Flirt mit den verlockenden Angeboten einlassen, denn ich verdiente nun Geld – nicht übermäßig viel, aber immerhin. Zum Einkaufen allerdings brauchte ich Unterstützung und

Patrick kam da nicht in Frage, er stellte sich immer demonstrativ vor den Laden, mit einer Miene, die Bände sprach, vielleicht, weil ich mich so schlecht entscheiden konnte. Ich konnte eine halbe Stunde vor dem Kleiderregal stehen und mir überlegen, ob die blassgrüne oder die dunkelgrüne Bluse besser aussah. Ich musste also ein anderes Opfer finden. Shopping und Separatismus waren auch keine gute Mischung, also kam auch Marc nicht in Frage. Zu Eileen fielen mir nur Bananen ein, blieb also nur noch Lara.

„Lara, hast du mal Lust, mit mir shoppen zu gehen?“ Es kostete mich Überwindung, zum Hörer zu greifen und jemanden anzurufen, am Telefon verstand ich noch schlechter und konnte mich noch schlechter ausdrücken.

„Ja, gerne, wann denn?“ Sie schien gut gelaunt.

„Morgen nach der Arbeit, vielleicht so um halb sechs, passt dir das?“

„C'est bon.“

„Schön.“

MétéoMédia war mit der Zeit uninteressant geworden und so war ich immer schlecht über das Wetter informiert. Aber das machte nichts, Angela Channing wusste über solche Dinge Bescheid.

„Heute soll es noch mal einen Schneesturm geben.“

„Wie bitte, ich wollte heute einkaufen gehen, für den Frühling.“ Ich schaute aus dem Fenster, es war tatsächlich verdächtig grau, aber das konnte doch nicht wahr sein – nicht im April!

„Ja, das kann schon vorkommen, dass es im April noch einen Schneesturm gibt, der alle in die tiefste Depression stürzt, und dann kommt der Frühling – schlagartig. Du wirst sehen – zack, und der Frühling ist da.“

„Hm." Ich dachte an meinen Einkaufsbummel mit Lara – na ja, dann eben unterirdisch, wenn uns das Wetter einen Streich spielen sollte.

„Maria, kannst du bitte einen Kurier bestellen, meine Tochter hat ihre Hausschlüssel im Haus liegen lassen, ich muss ihr einen Ersatzschlüssel zukommen lassen, dass sie auch so verträumt ist, meine Mélanie, oh, außerdem musst du heute noch einen Brief aufsetzen, ich will einen Rundbrief erstellen, den alle Anlieger bei uns in der Straße unterschreiben sollen, wir haben da nämlich eine Rasenfläche bei uns hinter dem Haus, dort gehen die Leute immer mit ihren Kötern spazieren und räumen deren Hinterlassenschaften nicht weg. Ich habe das nun satt und Nachbarn von mir auch, vielleicht finden sich da noch mehr in unserer Straße, die dieser Meinung sind, und wir bringen die Stadt dazu, die Fläche zu asphaltieren, so kann das nicht weitergehen, ich gebe dir dann nachher die Stichwörter, ich will, dass das heute noch zum Bürgermeister geschickt wird, Isabelle kann dir helfen."

Sie hielt es nie für nötig, aufzustehen, sondern schrie von ihrem Büro aus zu uns herüber. Ich schaute Isabelle verstohlen an, auch sie verdrehte die Augen. Eigentlich gehörte das nicht zu meiner Arbeit, ihre Tochter und ihr Nachbar gingen mich nun wirklich nichts an und die Hunde ihrer Nachbarn noch viel weniger. Aber gut, Einkaufsbummel mussten finanziert werden und was hätte ich auch sagen sollen? Ich konnte mich nicht einmal auf einen Arbeitsvertrag berufen, der meine Tätigkeit näher definierte. Also tat ich, wie mir befohlen wurde, und überlegte mir nur, dass bezahlter Urlaub zwar schön und gut war, aber ich es wohl nicht lange genug hier aushalten würde, um davon profitieren zu können.

„Ach ja, wenn du gerne mal mit deinem Freund in eines unserer Hotels gehen möchtest, dann sag' mir Bescheid, ich kann mit den Besitzern reden, immerhin ist es auch besser, wenn du ihre Hotels gesehen hast, dann kannst du sie am Telefon besser beschreiben."

Sie ging einem auf die Nerven, sie verstand es aber auch, einen um die Finger zu wickeln, so dass man das Gefühl hatte, dass letztendlich alles nicht so schlimm war und man eigentlich doch ganz gut behandelt wurde.

„A propos, hast du nun schon alle Orte auswendig gelernt, in denen sich die Hotels befinden? Du solltest auch wissen, in welcher Region sie liegen. Das ist wichtig, weißt du, du musst wissen, wo sich unsere Hotels befinden."

„Ja, habe ich."

„Schön, in welchen Regionen haben wir Hotels?"

„Charlevoix, Gaspésie-Iles-de-la-Madeleine, Laurentides, Montréal, Montérégie, Laval, Lanaudière, Estrie, Saguenay-Lac-Saint-Jean, Mauricie, Outaouais, Chaudière-Appalaches, Capitale-Nationale, Bas-Saint-Laurent."

„Das heißt, dass wir lediglich in drei Regionen nicht vertreten sind, welche sind das, Herzchen?"

„Centre-du-Québec, Côte-Nord, Abitibi-Témiscamingue."

„Sehr schön, Schätzchen, ich wusste doch, dass du was drauf hast. Lass dir das mit dem Hotelbesuch durch den Kopf gehen. Ach du meine Güte, die Zeit vergeht! Jetzt ist schon wieder vier Uhr und ich muss doch noch ein Geschenk für eine Taufe besorgen, ich geh' dann mal, danach werde ich wohl nicht mehr ins Büro kommen, ach Isabelle, wenn Monsieur Thibaud anruft, dann sag ihm doch bitte, ich sei in einer wichtigen Besprechung."

Und dann war sie verschwunden. Und es wurde endlich gemütlich.

„Ja, ich weiß", sagte Isabelle, die mir wohl ansah, dass ich nicht besonders glücklich war, „sie ist unmöglich, aber sie kann auch nett sein, wirklich."

„Wie lange arbeitest du nun schon hier?"

„Jetzt sind es bald drei Jahre, aber als ich angefangen habe, dachte ich auch, ich würde es nicht lange aushalten."

Ich dachte das nicht nur, ich war mir da ganz sicher. Aber es war wohl besser, das nicht ganz so laut zu sagen, denn wer es drei Jahre lang als Sekretärin bei dieser Frau ausgehalten hatte, dem musste mit Vorsicht begegnet werden. Dabei schien Isabelle wirklich nett, vielleicht täuschte ich mich.

„Tja."

„Das wird schon noch – keine Sorge. Man muss sie so nehmen, wie sie ist, und darüber lachen können." Das war wohl eine pankanadische Qualität, dieses positive Denken.

Ich schaute aus dem Fenster, es gab tatsächlich noch einen Schneesturm. Und obwohl ich den strengen Winter in Quebec immer verteidigt habe, muss ich zugeben, dass ein Schneesturm im April schwer zu verdauen ist. Man will einfach nicht mehr.

***

Lara holte mich von der Arbeit ab, und wir waren uns einig, in der *ville souterraine*, in der unterirdischen Stadt, shoppen zu gehen. Sie sah gut aus in ihrem Kostüm, aber sie sah immer gut aus. Ich freute mich schon auf einen Einkaufsbummel; sie würde reden, ich würde zuhören; sie würde sich die Läden aussuchen, ich würde folgen.

Lara war hier in diesem dreißig Kilometer langen unterirdischen Dschungel aus Läden, Kinos, U-Bahn-Stationen, Restaurants und Cafés zu Hause. Sie wusste, wo wir nach Unterwäsche schauen würden, wo man Jeans kaufte, wo das kleine Schwarze am günstigsten zu erstehen war, wann man einen Push-up-BH tragen oder es lieber sein lassen sollte, wo man Designerklamotten zum halben Preis bekam, wieso Rosa und Rot auf keinen Fall zusammenpassten, auch wenn Frauenmagazine einem etwas anderes suggerierten.

Unten wimmelte es nur so vor Leuten. Der Arbeitstag war vorbei, man ging noch schnell einkaufen oder machte sich auf den Weg zur U-Bahn. An den Zeitungsständen las ich im Vorbeigehen, dass die *Canadiens* es in die *séries* geschafft hatten. Es führte kein Weg daran vorbei, ich würde wohl bald im Stadion sitzen und *„Allez les Canadiens!"* rufen.

„Was macht François denn so?"

„Ja, es geht ihm ganz gut, er hat bald eine Vernissage, dort in dem Ausstellungsraum bei der UQAM, könnt ja mal hingehen, ist bei euch ums Eck."

„Ja, gerne, und was macht er nach dem Semester?"

„Ach, mal sehen, bei ihm darf nichts überstürzt werden. Er geht die Dinge nach und nach an, oder er rennt den Dingen nach und nach hinterher, kommt auf die Sichtweise an."

Wir hielten uns über zwei Stunden im Untergrund auf, danach hatte Lara etliche Tüten in der Hand und ich hatte außer einem Capuccino nichts gekauft. Ich hatte mich nicht entscheiden können; dazu musste ich dann doch noch einmal alleine in den Untergrund abtauchen.

***

Patrick war noch nicht zu Hause. Dafür war Eileen in der Küche, sie bereitete sich ein Bio-Gemüsesüppchen zu.

„Hi, wie war's an der Uni?"

„Ja, okay."

„Und die Arbeit?"

„Ja, okay."

Mir fiel auf, dass wir nie miteinander sprachen. Irgendwie erinnerte sie mich an das kleine Mädchen aus der Fernsehserie „Unsere kleine Farm“, immer strahlend, immer positiv. Und auch ihr Familienfoto, das sie uns zu Beginn gezeigt hatte, schien wie aus einer anderen Zeit. Ihre Mutter war frankophonen Ursprungs, hatte ihr Französisch aber verlernt und konnte nur noch auf *Québécois* fluchen, ihr Vater stammte aus British Columbia und unterrichtete Mathematik an der Uni. Sie war das jüngste von insgesamt vier Geschwistern, die, zumindest auf dem Foto, alle gleich fröhlich und optimistisch wirkten. Für Eileen und bestimmt auch für den Rest ihrer Familie schien die Welt in Ordnung, schien Kanada in Ordnung, es gab keine Probleme und es gab vor allen Dingen keinen Grund, weshalb sich die Quebecer so anstellten, denn es wollte ihnen keiner etwas Böses, ganz im Gegenteil, man liebte sie sogar. Man liebte sie nur nicht genug, um sie als eine *société distincte* anzuerkennen. Aber am 30. Oktober 1995, als die Quebecer sich zum zweiten Male zu den Urnen aufmachten, um über ihr Schicksal zu entscheiden, da gingen einige Kanadier auf die Straße und riefen: *Quebec, we love you!*

Mai

Ganz plötzlich sah die Welt anders aus. Die Bäume und Rasenflächen waren grün. Grüner als in Deutschland, so schien mir, aber das lag vielleicht auch nur an den extrem langen Wintern. Bei den ersten Sonnenstrahlen füllten sich die Straßen und Parkanlagen, die ersten Tische wurden vor die Restaurants und Cafés gestellt und man sah die ersten Spaghettiträger und kurzen Hosen. Für meine Begriffe war das ein bisschen übertrieben, ich blieb erst einmal bei meinem Ledermäntelchen, dann würde man sehen.

Patrick und ich machten uns auf zum Marché Atwater im Westen der Stadt. Wir hätten die Rue Sainte-Catherine in Richtung Westen entlanggehen, uns dem Gewusel der Wochenendtouristen und Vorstadteinkäufern aussetzen und dann irgendwann in Richtung Markt gehen können, aber wir entschieden uns für die entspanntere Variante: durch den alten Hafen, am Sankt-Lorenz-Strom entlang bis zum Canal Lachine, an dessen Ufern man wunderbar spazieren gehen, Fahrrad fahren und inlineskaten konnte. Die Parks und Grünanlagen und Kanäle machten die Stadt zu einem Paradies für Sportler; für eine nordamerikanische Stadt höchst ungewöhnlich, gab es sogar viele Fahrradwege.

„Hattest du nicht auch Inlineskates mitgenommen?“

„Doch, aber ich weiß nicht, ob ich mich hier damit sehen lassen kann. Die sehen alle so toll ausgestattet aus.“

Die Leute schwebten schwerelos an uns vorbei. Meine

Inlineskates waren etliche Jahre alt, ich hatte sie in New York gekauft; robuste Schuhe, die zum Hockeyspielen gedacht und seinerzeit richtig cool gewesen waren.

„Du bist unverbesserlich."

„Ja, ich weiß. Aber du hast das zu spät gemerkt, mein Liebster, jetzt sind wir schon verheiratet."

„Aber ohne Ring."

„Wir haben einen Vertrag unterschrieben, das ist was Handfestes." Ich versetzte ihm einen kleinen Hieb in die Seite. „Du wirst mich so schnell nicht mehr los, das sag ich dir, außerdem gefällt's mir hier wirklich gut."

„Aber dein Zuhause fehlt dir trotzdem."

„Ja, das schon, manchmal. Meine Mutter fehlt mir und die Vertrautheit mit meiner Heimatstadt. Dafür scheint mir hier alles möglich, ich fühle mich freier. Die Leute scheinen zufriedener. Neulich, da bin ich mit dem 80er-Bus gefahren und der Busfahrer hat eine Arie vor sich hingeträllert und hatte am Eingang Bonbons für seine Fahrgäste bereitgestellt – zu Ostern. Natürlich ist nicht alles schwarz oder weiß, aber in Deutschland scheint mir alles schwermütiger und schwerfälliger."

„Der graue Himmel, den wir hatten, als ich bei dir zu Besuch war, war tatsächlich schwer zu ertragen gewesen."

„Ja, zum Beispiel, das Wetter ist auch so ein Thema, allerdings lässt sich dagegen nicht viel unternehmen. Aber schau doch mal, wie viele von deinen Freunden sich nach einem bereits abgeschlossenen Studium weiterbilden, in einem anderen Bereich, oder wie viele arbeiten und sich dann doch noch einmal dazu entschließen, an die Uni zu gehen. Das ist bei uns anders, es ist alles so festgefahren. Schule, Arbeit – oder Studium und dann Arbeit –, Eigentumswohnung oder Häuschen, Kinder und das war's. Ganz besonders Abenteuerliche legen vielleicht irgendwann noch ein Auslandsjahr ein, weil es sich im Lebenslauf gut macht. Ich weiß auch nicht. Vielleicht habe *ich* ja ein Problem, das heißt, mit ziemlicher Sicherheit habe ich ein Problem, aber die Option muss es doch auch geben, oder?"

„Ja, willkommen im Sammelbecken für alle, die irgendein Problem haben."

„Danke."

„Sei jetzt bitte nicht gleich beleidigt."

„Ach was, dazu bin ich viel zu gut gelaunt. Weißt du was, vielleicht passe ich so gut hierher, weil ich schnell beleidigt bin, Komplexe habe und gerne meckere."

„Dazu sage ich lieber nichts, sonst bist du am Ende doch noch beleidigt. Aber deinem Marc solltest du das vielleicht auch nicht sagen, sonst hast du keinen Freund mehr."

Ich war wirklich gut gelaunt. Der Himmel strahlte. Es war ein sattes, tiefes Blau. Alle Farben schienen hier intensiver. Die Temperaturen waren frühsommerlich, ich konnte sogar mein Ledermäntelchen wieder ausziehen.

Lara hatte mir lang und breit vom Marché Atwater erzählt. Sie tat das immer, wenn es um Lebensmittel und Quebec ging und François anwesend war, vielleicht wollte sie ihrem skeptischen Freund nahelegen, dass man auch in Quebec gut essen konnte. Denn mich musste sie mit Sicherheit nicht davon überzeugen. Der Markt war nicht nur schön anzusehen, sondern hatte auch wirklich einiges zu bieten: Gemüse, Obst, Fleisch, Käse, Weine aus aller Welt in der Markthalle beim Stand der SAQ, herrliches Brot, verführerisch duftende Kräuter, bunte Blumen und *produits du terroir,* typische Produkte aus der Region, und alles war wunderschön angeordnet. Wir schlenderten durch die Marktreihen, probierten hier ein Stück Käse, dort eine Wurst, stellten uns einen kleinen Picknickkorb zusammen und suchten nach einem schattigen Plätzchen, weil die Sonne nun doch ziemlich stark brannte. Das einzige Fleckchen Schatten in unmittelbarer Nähe wurde durch ein riesiges Plakat erzeugt, das die Spaziergänger und Sportler darauf hinweisen sollte, wie viel die kanadische Regierung in das Projekt Canal Lachine investiert hatte.

„Schau mal, bist du auch dankbar?" Ich machte eine Kopfbewegung in Richtung Schild.

„Für den Schatten?"

„Nein." Er wusste ganz genau, was ich meinte.

„Klar bin ich das. Was würden wir bloß ohne die Kanadier machen?"

„Tja."

„Alles Blödsinn, eine Regierung in Quebec wäre genauso dämlich wie eine Regierung in Ottawa, das wäre sozusagen das Gleiche in Blau."

„Genau, es lebe der Stadtstaat Montreal!"

„Ich wäre dafür! Wenn Montreal wenigstens Hauptstadt dieser wunderbaren Provinz wäre, Quebec, das ist doch keine Stadt." Er schüttelte verächtlich den Kopf. „Die haben nicht mal mehr ein Eishockeyteam, da kann man doch keinen Respekt haben."

„Dazu kann ich nicht viel sagen, du warst ja noch nie mit mir in Quebec."

„Ja, ja, ich weiß. Da müssen wir wohl oder übel mal hin."

„Ach komm, bislang habe ich nur Positives über Quebec gehört. Nur weil eine Stadt weniger als drei Millionen Einwohner hat, muss sie nicht unbedingt langweilig sein."

„Nein, man muss aber auch nicht glauben, etwas Besseres zu sein, nur weil man aus Quebec kommt. Die sind dort so überheblich, dabei gibt es dafür überhaupt keinen Grund, schon gar nicht, wenn man kein Eishockeyteam mehr besitzt."

In Nordamerika war es tatsächlich gang und gäbe, ganze Mannschaften zu verkaufen. Das ehemalige quebecer Eishockeyteam, *les Nordiques*, ereilte dieses Schicksal 1995: Sie verwandelten sich von heute auf morgen in die *Colorado Avalanche* und gewannen in ihrem ersten Jahr in den USA gleich den Stanley Cup. Anderen Mannschaften ging es ähnlich. Mit den Montrealer *Expos* (Baseball) wusste man jahrelang nichts Richtiges anzufangen, und so teilten sich die 29 Eigentümer der anderen Mannschaften in der Baseballliga den Besitz der *Expos*. Schließlich wurde das Team im Jahre 2004 nach Washington verkauft und dessen berühmtes Maskottchen *Youppie!* wurde schlagartig arbeitslos, was mehrere Generationen treuer Fans in tiefste Trauer stürzte – bis sich die *Canadiens* seiner erbarmten und nun jubelt und tanzt das Maskottchen für das Eishockeyteam.

„Ich muss schon sagen, deine Argumente sind wahnsinnig tiefgründig."

„Ja, nicht wahr? Wenigstens können wir nächste Woche im Centre Bell ein Spiel ansehen gehen, in Quebec ginge das nicht."

„Hast du Karten gekauft?"

„Oui, Madame."

„Gegen wen spielen sie?"

„Boston."

„Schön."

„Du bist richtig begeistert, was?"

„Ich bin neugierig, das ist doch schon mal was. Wie stehen denn die Chancen?"

„Verdammt gut. Ich glaube, dieses Jahr gewinnen wir den Stanley Cup, ich hab's im Gefühl."

Der kanadische Schatten währte nicht lange, wir streckten uns aus und ließen uns zufrieden von der Sonne verwöhnen.

Die Hälfte der Woche hatte ich endlich hinter mich gebracht, ab Mittwochabend gab es wieder Hoffnung. Zu Hause trieb mich mein chronisch unstillbarer Hunger umgehend in die Küche. Dort wimmelte es nur so vor kleinen, schwarzen Fliegen und es roch nach etwas Vergammeltem. Der Fliegenschwarm hielt sich in der Nähe des Schrankes auf, und als ich ihn öffnete, sah ich eine halbe verfaulte Banane und einige Fliegen, die es problemlos bis in den Schrank geschafft hatten. Wütend ging ich ins Wohnzimmer, wo wieder einmal irgendein englischsprachiges Programm lief. Eileen saß gut gelaunt auf dem Sofa und schlürfte ihre Sojamilch.

„Hi."

„Salut."

„Wie war die Arbeit?"

„Wie immer." Ich war mürrisch.

„Eileen, im Küchenschrank liegt eine verfaulte Banane."

„*Oh no, really?* Ich muss sie vergessen haben."

„Ja, es sieht ganz danach aus. Es hat sich schon ein richtiger Fliegenschwarm gebildet."

„Sorry."

„Ja. Magst du deine Banane nicht vielleicht einpacken, wenn du immer nur eine Hälfte isst, in Alufolie zum Beispiel?"

„Klar, kein Problem. Ich räume die Banane gleich weg, ich schaue nur noch eben den Krimi zu Ende."

„Ja, aber generell wäre es doch eine gute Idee, deine angebrochene Banane einzupacken."

„Ja, okay." Eileen blickte weiterhin gut gelaunt auf den Bildschirm. Besonders wohl fühlte ich mich auch nicht in der Rolle der pedantischen Mitbewohnerin, die den korrekten Umgang mit einer angebrochenen Banane erklärte. Aber zu viel war einfach zu viel. Eine Dusche würde mich vielleicht etwas entspannen. Später wollte ich mich mit Marc auf dem Plateau treffen.

Das warme Wasser rieselte über meinen Körper und ich versuchte, an etwas Angenehmeres zu denken als an meine Chefin, die wieder einmal tausend Sachen von mir verlangt hatte, die überhaupt nichts mit der Arbeit zu tun hatten. Ich versuchte auch, den Bananenstreit mit Eileen zu verdrängen, wenn man das „Streit" nennen konnte, denn zum Streiten gehören zwei, aber Eileen war zu kanadisch dazu. Die Quebecer konnten wenigstens richtig meckern, zweifelsohne eine französische Qualität, die sie da geerbt hatten.

Plötzlich, ich war gerade dabei, das Shampoo aus meinen Haaren herauszuwaschen, wurde das Wasser eiskalt. Ich schrie laut auf. Das konnte nur Eileen gewesen sein, die den Wasserhahn in der Küche aufgedreht hatte. Dabei wohnte sie doch nun eigentlich schon lange genug bei uns, um zu wissen, dass das Duschwasser kalt wurde, wenn man in der Küche den Wasserhahn aufdrehte.

„Eileen!", ich steckte meinen Kopf aus der Badtüre. „Ich dusche!"

„*Oh no, sorry*. Ich wollte den Küchenschrank auswischen."

Nun ja, irgendwie hatte sie es gut gemeint. Trotzdem beschloss ich in diesem Augenblick, dass die WG-Zeiten vorbei waren, ich hatte einfach keine Geduld mehr für so was. Eileen würde die Letzte ihrer Art sein.

***

Dann versetzte Marc mich. Er erzählte irgendetwas Wirres über eine Affäre und er müsse etwas klarstellen und ob es sehr schlimm wäre, wenn wir das Treffen verschieben würden. Ich fand, dass das nicht unbedingt der beste Tag des Jahres war. Patrick würde erst spät nach Hause kommen und so stellte ich mich auf einen gemütlichen Abend zu Hause ein. Das wäre auch nicht zu verachten gewesen, aber dann blinzelte Eileen in unser Zimmer.

„Maria, ich habe ganz vergessen, dir zu sagen, dass ich heute Besuch bekomme. Ich wollte mit ein paar Leuten ein Abendessen machen, ist das okay?“ Eileen blickte mich mit ihrem unschuldigen „Unsere-kleine-Farm-Mädchenblick“ an. Was hätte ich auch sagen sollen?

„Ja, kein Problem.“

***

Es sah ganz so aus, als würde ich den Rest des Abends im „Second Cup“ verbringen, mit einem guten Buch und irgendeinem komplexen Getränk mit Karamell, Schokolade, Marshmallows und Eis, Sirup und vielleicht einem Schuss Kaffee. Bei der Gelegenheit könnte ich dann auch einen Blick ins *Journal de Montréal* werfen und mich auf das Eishockeyspiel am kommenden Dienstag einstellen.

Es war ziemlich viel los, und ich konnte mit Mühe und Not einen Platz auf der winzigen Terrasse des „Second Cup“ auf der Rue Saint-Denis ergattern. Die Temperaturen waren mild, es war noch hell. Die Menschen hier nutzten jede Sekunde ihres Frühling und Sommers, bevor sie dann wieder in den Winterschlaf fielen. Mittlerweile wusste ich das *Journal de Montréal* besser zu schätzen, ich kannte mich besser aus in der Stadt und erkannte jetzt auch die Prominenten auf den Fotos der Klatschzeitschriften.

Häufig waren es Schauspieler und Regisseure. Bevor ich nach Montreal kam, hatte ich noch nie einen Film aus Quebec gesehen. Ich glaube, ich wusste gar nicht, dass es quebecer Filme gab. Das änderte sich dank Patrick in kürzester Zeit. Denis Chouinard, Denis Villeneuve, Louis Bélanger sind nur einige Namen bekannter Regisseure, deren

Werke ich erst in Montreal entdeckt hatte und die mich begeisterten.

Auch was die Musik betrifft, war ich positiv überrascht worden. So zum Beispiel, als Patrick und ich uns eines Tages spontan dazu entschlossen, das Konzert einer gewissen Jorane im Cabaret du Musée Juste pour rire zu besuchen. Wir wussten, dass sie Cello spielte und dass es sich nicht um klassische Musik handelte – mehr nicht. Selten hatte mich ein Konzert so sehr in Bann gezogen, dass ich mir sofort beim Ausgang die CD des Interpreten kaufen musste. Und sie war nicht die einzige Überraschung: Daniel Bélanger, Jean Leloup, Ariane Moffatt, Stefie Shock habe ich erst in Quebec kennen gelernt. Ich habe hier eindrucksvolle Theaterveranstaltungen gesehen und die aufregendsten Festivals besucht. Es war mir unverständlich, dass ich in Deutschland von all dem nie gehört hatte.

Mit Ausnahme von Céline Dion bekommt man nicht viel mit von den Künstlern der Belle Province – leider. Das kleine Mädchen aus Charlemagne – *La petite fille de Charlemagne* – ist in Quebec nicht so beliebt wie im Ausland. Mit Céline verhält es sich ein bisschen wie mit dem Schnee und den langen Wintern, man war ein bisschen genervt, weil sie man ihnen nicht entgehen konnte, aber man würde sie sehr vermissen, wenn es sie nicht mehr gäbe. Aber sobald es die Möglichkeit gab, über sie oder eines ihrer dreizehn Geschwister zu spotten oder etwa über ihre *Maman*, die jahrelang in einer TV-Kochshow zu sehen war, zögerte man keine Sekunde.

Die Boulevardpresse war irgendwann ausgereizt, auf mein Buch hatte ich keine Lust und nach Hause wollte ich noch nicht, da davon auszugehen war, dass Eileen und ihre Freunde noch beim Essen waren. Mein Blick fiel auf das Gebäude des *Office National du Film* und mir fiel auf, dass ein Besuch der berühmten *Ciné-Robothèque* längst überfällig war. Neuntausend Filme hatte sie in ihrem Archiv gespeichert. Da würde sich doch sicherlich irgendetwas Interessantes finden! Ich musste mir sowieso noch den ein oder anderen Klassiker anschauen.

Auf dem Weg überlegte ich mir, was ich mir ansehen könnte. Dokumentarfilm musste nicht unbedingt sein, Kurzfilm auch nicht – *Elvis Gratton* wollte ich schon lange sehen. Es handelt sich dabei um eine Parodie des Otto Normalquebecers und seiner Bewunderung für die Amerikaner – *Y l'ont l'affaire, les Américains* – „Die haben's drauf, die Amerikaner", diese Überzeugung der Hauptfigur war in die Allgemeinsprache übergegangen und wurde ständig ironisch zitiert. Aber im Computer suchte ich ohne Erfolg danach, was daran liegen könnte, dass die ONF nicht an dieser Filmproduktion beteiligt war oder dass die Institution den Film für nicht wertvoll genug einstuft, um ihn in ihr Programm aufzunehmen. Deshalb entschied ich mich für *„Le déclin de l'empire américain"*, Der Untergang des amerikanischen Imperiums, den berühmten Film von Denys Arcand.

Ich bekam einen Code zugeordnet, zahlte an der Kasse und ließ mich in einen der sechsundzwanzig Sessel mit eigenem Monitor nieder. Auf dem Bildschirm konnte ich beobachten, wie ein Roboter im Keller eine CD aussuchte und sie einlegte. In *Le déclin de l'Empire américain* geht es um Sex, Lug und Trug in den quebecer Universitätskreisen der achtziger Jahre. Der Film hatte einen Riesenerfolg gehabt. Auch im Ausland war er gut angekommen.

Eine eigentlich witzige Sache, diese *Ciné-Robothèque*, ich beschloss, dass es nicht das letzte Mal gewesen sein sollte, dass ich dorthin ging.

***

Als ich die Haustüre öffnet, hörte ich schon Stimmen, Eileen und ihre Freunde waren also noch da. Ich schaute kurz ins Esszimmer, stellte mich vor und wollte auch schon wieder verschwinden, aber Eileen bestand darauf, dass ich mich ein bisschen dazusetzte.

Die Mädels waren schon etwas angeheitert, auf dem Tisch lagen nur noch unappetitlich aussehende Essensreste herum, nichts, womit ich meinen hungrigen Magen hätte befriedigen können oder wollen, und in unserem Kühlschrank sah es auch nicht gut aus.

„Wir haben heute einen kanadischen Abend veranstaltet." Eileen grinste mich stolz an.

„Tatsächlich? Und was genau heißt das?"

„Wir haben nur kanadische Produkte konsumiert. Kanadisches Essen, kanadischer Wein." Eileens Freundin schien nicht weniger stolz.

„Schön. Aus welcher Region kommt der Wein denn?" Ein bisschen Interesse sollte ich schon zeigen.

„Wein aus dem Okanagan-Tal und geräucherter Lachs von der Westküste", erklärte die andere Freundin.

„Gut, wusste gar nicht, dass dort Wein angebaut wird." Ich wusste genauer genommen nicht einmal von der Existenz dieses Tals.

„Ja, man neigt immer dazu, in der SAQ zum französischen oder italienischen Wein zu greifen, dabei produziert unser Land genauso tolle Weine." Eileen bot mir einen Schluck des Weines an, was ich aus Höflichkeit nicht ablehnte.

„Ja, ist gut." Aber an einen Lacrima Christi aus Neapel kommt er doch nicht ran, dachte ich, aber behielt es lieber für mich.

„Wir feiern hier heute unser tolles Land – zum Wohl!" Sie waren leicht angetrunken, aber in dem Gesagten war nicht einmal ein Hauch von Ironie zu erkennen – sie waren tatsächlich stolz. Das war auch in Ordnung, ich verstand nur nicht, warum sie mir das an jenem Abend mit solch einer Eindringlichkeit vermitteln wollten.

„Kanada ist schön, jede Provinz hat etwas Besonderes und jede Provinz kann stolz darauf sein, dazuzugehören." Die dritte im Bunde kam richtig in Fahrt.

„Zumindest sollte jede Provinz stolz darauf sein."

Nationalstolz war mir fremd. Eine Deutsche war ich rein faktisch nicht, selbst wenn ich dort geboren und aufgewachsen bin, und Italienerin war ich zwar, weil das in meinem Pass stand, aber einmal abgesehen von den alljährlichen Sommerurlauben mit meinen Eltern kannte ich Italien nicht. Ich war durchaus stolz auf die hausgemachten *Gnocchi* meiner Tante Concetta, das in jedem Fall, aber auf Italien? Ich war stolz auf unser Altstadtfest in Waiblingen und auf eine gute Currywurst, aber auf Deutschland?

Das Telefon klingelte. „Ich geh schon ran", sagte ich schnell, als ich sah, dass Eileen aufstehen wollte. Der Anruf erwies sich als Reinfall. Am anderen Ende der Leitung knackte es nur. Es musste ein Engel gewesen sein, der mich aus dem pankanadischen Abend befreien wollte. Ich bedankte mich bei meinen Gastgebern und verzog mich in mein Zimmer.

***

Mein erstes Eishockeyspiel war viel interessanter, als ich es je vermutet hätte. Ein bisschen seltsam fand ich es zwar schon, dass wir uns an einem sommerlichen Abend auf den Weg ins Stadion machten, um ein Eishockeyspiel anzuschauen, jetzt, da wir den Winter gerade hinter uns gelassen hatten. Die *Canadiens* würden gegen Boston spielen. Es sollte ein spannendes Spiel werden, sagten die Sportsendung „110 %“, das *Journal de Montréal* und Patrick unisono voraus. Und selbst für Touristen wie mich, die keine Ahnung vom Spiel hatten, war es das auch. Das Stadion war voll, die Zuschauer feuerten ihre Mannschaft begeistert an.

„Was schreien die da eigentlich?“

„Go, habs, go!“

„Habs?“ Da hätte ich mich mit meinem *„Allez les Canadiens“* wohl zum Affen gemacht – von wegen die französische Sprache und Kultur erhalten.

„Habs, wie in *Habitants,* so nannte man die französischen Siedler. Damals, als es nur sechs Vereine gab, und wahrscheinlich sogar davor, da wollte man das frankophone Team mit dieser Bezeichnung beleidigen. Aber dann ist dieser Ausdruck in die Sprache übergegangen und heute feuert man die *Canadiens* damit an.“

Ich hörte das nicht zum ersten Mal, dieses „damals, als es nur sechs Vereine gab“ – *„dans le temps où il y avait six clubs“,* es wurde benutzt, um auf etwas zu verweisen, das schon sehr lange zurücklag. Zu vergleichen wohl mit unserem „damals, als die Mark noch etwas wert war“. Es wird meist scherzhaft benutzt, und zwar nicht nur im Zusammenhang mit Eishockey, auch wenn es dort seinen Ursprung hat. Damals, in den sechziger Jahren, als es nur sechs Vereine gab, nämlich Montreal, Boston, New York, Detroit, Chicago und Toronto. Heute waren es immerhin dreißig. Die *Canadiens* waren von allen am erfolgreichsten. Seit der Gründung 1909 hatten sie 24 Mal den Stanley Cup gewonnen. Nach den *New Yorker Yankees* (Baseball) ist das Montrealer Eishockeyteam die zweiterfolgreichste professionelle Sportmannschaft Nordamerikas.

Dem Puck konnte ich live tatsächlich ein bisschen besser folgen, und die Hotdogs im Stadion waren besser als Bier und Chips zu Hause. Die *Canadiens* gewannen, so dass wir und 20 000 andere Fans glücklich und zufrieden nach Hause gehen konnten. Auf dem Rückweg erzählte ich Patrick von der kanadischen Verschwörung bei uns zu Hause; er fand, dass ich übertrieb und zu viel Zeit mit eingefleischten Separatisten verbrachte.

***

Mein eingefleischter Separatist wirkte müde und abgeschlafft, als wir uns mal wieder im Café „L'Utopik" trafen.

„Du arbeitest zu viel, du siehst müde aus."

„Danke, du siehst gut aus. Muss man daraus schlussfolgern, dass du wenig arbeitest?"

„Nein, eigentlich nicht. Der Job an sich wäre nicht anstrengend, aber meine Chefin ist es. Aber danke für das Kompliment."

„Tut mir leid, dass ich neulich absagen musste. Ich bin da in eine furchtbare Affäre geraten, aus der ich irgendwie gar nicht mehr herauskomme."

„Schon gut, ich hab mir *Le declin de l'empire américain* von Denys Arcand angeschaut und danach habe ich gezwungenermaßen an einem kanadischen Abend teilgenommen. Meine Mitbewohnerin hat ein paar Freundinnen eingeladen und es gab nur Kanadisches zu essen und trinken, kannst du dir das vorstellen?"

„Oje, jetzt habe ich ein noch schlechteres Gewissen – wie hat dir der Film von Arcand denn gefallen?"

„Ich fand ihn sehr gut – ja irgendwie rührend, allerdings hilft er einem nicht gerade dabei, die Quebecer anders zu sehen als den Rest der Welt."

„Vielleicht ist das das Dramatische daran. Wie läuft es denn so mit der Mitbewohnerin?"

„Na ja, ich bin nicht so begeistert, aber das mag auch an mir liegen. Aber ich glaube auch nicht, dass sie so wahnsinnig begeistert ist, ich habe das Gefühl, dass sie nicht mehr lange bleibt."

„Vielleicht ist das dann auch das Beste, wenn ihr nicht so gut auskommt."

„Wir hassen uns nicht, aber irgendwie mögen wir uns auch nicht besonders. Als sie diesen kanadischen Abend veranstaltet hat, erwähnte sie unablässig, wie stolz sie auf ihr Land sei. Es war irgendwie seltsam."

„Sie kann bestimmt auf ihr British Columbia stolz sein, aber war sie schon einmal in Winnipeg oder in Edmonton? Furchtbar."

„Warst du denn schon dort?"

„Ja, leider. Winnipeg ist wirklich hässlich, ein leere Stadt. Wahrscheinlich bin ich dort separatistisch geworden."

„Ach, ihr werdet doch schon so geboren, tief in eurem Herzen seid ihr alle *Québécois*!"

„Na ja, nicht alle wollen sich von Kanada lösen."

„Aber alle sind sich darin einig, dass die Quebecer anders sind – eine *société distincte*."

„Das wäre schön, aber dann hätte der *Parti Québécois* sicherlich weniger Probleme, die Leute zu mobilisieren und ein drittes Referendum in die Wege zu leiten."

„Vielleicht lässt es sich vereinbaren, dass ihr anders seid und trotzdem kanadisch. Vielleicht haben die Leute keine Lust mehr auf die ständige Rede von Referenden. Vielleicht sollte man einfach zu etwas anderem übergehen. Ich meine, wie oft sollen sie denn noch ‚nein' sagen?"

„Nur 50,58 Prozent haben das letzte Mal ‚nein' gesagt, das war keine überwältigende Mehrheit. Hätten wir das gleiche Budget gehabt wie die anderen, wäre das ein fairer Kampf gewesen, dann hätten wir auch gewonnen."

„Vielleicht seid ihr einfach zu stur."

„Du kannst das nicht verstehen, du bist Europäerin."

Ich würde ihn sowieso nicht überzeugen können und eigentlich wollte ich das auch nicht.

„A propos Europäer, ich bekomme Verstärkung, meine Freundin und ihr Freund kommen in ein paar Wochen."

„Schön, was habt ihr vor?"

„Die beiden sind Fahrradfreaks, vielleicht eine Radtour durch die Laurentides. Oder hast du bessere Vorschläge?"

„Fahrt doch nach Quebec. Warst du schon dort?"

„Nein, Patrick meint, das lohnt nicht, die haben nicht mal ein Eishockeyteam."

Marc brach in Gelächter aus. „Das ist ja ein Argument!"

„Er hat Recht! Ich war erst neulich bei einem Eishockeyspiel und fand's richtig toll. Das ist schon traurig, wenn Quebec kein Eishockeyteam mehr hat. Eine kanadische Stadt ohne Eishockey ..."

„Quebec ist ja auch alles andere als kanadisch."

„Natürlich, ich vergaß."

Juni

BÄREN WAREN MIR NICHT GEHEUER. Was sollte man tun, wenn so ein Bär plötzlich vor einem stand oder wenn man plötzlich vor einem Bären stand? Erstere Variante war angeblich vorteilhafter, denn Bären mögen keine Überraschungen, so hieß es. Die verschiedenen Ratgeber im Internet waren sich nicht ganz einig, wie man dann zu reagieren hatte. Einige rieten, dem Bären tief in die Augen zu sehen, ruhig auf ihn einzureden und langsam rückwärtszugehen. Ich fragte mich, wer in dieser Situation dazu die Nerven haben sollte. Andere empfahlen, bergab zu rennen, weil Bären dann schlecht hinterherkämen. Und wenn kein Berg in der Nähe war? Petra und Markus waren ausgesprochene Outdoor- und Sportfans und es bestand für sie gar kein Zweifel daran, dass wir eine kleine Radtour machen und im Wald campen würden, nicht umsonst nahmen sie ihre teuren Mountainbikes mit, mit denen sie schon die Alpen überquert hatten. Wo, wie und wann, das überließen sie uns. Bären würden sie gerne sehen, sagten sie. Wir beschlossen, eine kleine Fahrradtour in die Laurentides zu unternehmen.

Das erste Problem war Angela Channing gewesen. Urlaub stand mir nicht zu, das hatte sie mich deutlich genug wissen lassen, und im Juni fing langsam die Hochsaison an, was auch bedeutete, dass sie mich für ernsthaftere Jobs einsetzen musste und ich mich nicht mehr um ihre persönlichen Angelegenheiten kümmern konnte. Das war wahrscheinlich schon schlimm genug für sie, ob sie mir da auch noch unbezahlten Urlaub gewähren würde, war fraglich. Wie also sollte ich ihr Herz erweichen? Es half nur die Mitleidstour: das kleine europäische Mädchen, das in die große, weite, unbekannte Welt ausgewandert und nun fast ganz auf sich allein gestellt war, fern von Familie und Freunden – konnte man es ihm wirklich übel nehmen, dass es eine Woche unbezahlten Urlaub nehmen wollte, um mit Freunden aus der Heimat zusammen sein zu können?

„Je ne sais pas, ma belle." Sie schaute mich ernst an und seufzte. Auch sie spielte nur ein Spiel, denn im Grunde genommen war ihr das alles egal. Es lag ihr nur daran, dass ich verstand, dass ich ihr für diese Geste den Rest meines Lebens dankbar zu sein hatte. „Die Hochsaison fängt an, Isabelle ist schon voll eingespannt – das wird schwer, ganz schwer." Ich schaute noch ein bisschen trauriger drein. Es folgte eine lange Pause, in der sie sich das Haar zurechtmachte, neuen Lippenstift auftrug und ihr Werk im Handspiegel betrachtete.

„Nun gut, ich muss jetzt los, meinetwegen kannst du den Urlaub haben."

Das kleine, mittellose Mädchen aus Europa war glücklich und Angela Channing fühlte sich eine Sekunde lang wie Mutter Theresa. Aber auch wirklich nur eine Sekunde lang, dann fragte sie misstrauisch: „Wollen deine Freunde etwa auch einwandern?"

„Wieso das denn?"

„Na ja, ich könnte das schon verstehen, bei euch in Europa ist alles noch recht rückständig, wer würde da nicht auswandern wollen? Und immerhin ist das hier das beste Land der Welt."

„Nein, ich glaube, es geht ihnen gut in Deutschland." Es wäre verschwendete Zeit gewesen, von einem anständigen Arbeitsvertrag zu sprechen, von einer 35-Stunden-Woche, von sechs Wochen Urlaub im Jahr. Sie hätte es nicht verstanden. Und in gewisser Weise war es tatsächlich großzügig von ihr gewesen, mir den Urlaub zu gewähren, zumal ich gerade einmal zwei Monate lang bei ihr arbeitete. Bei einem deutschen Arbeitgeber wäre ich mit Urlaubsforderungen in den ersten zwei Monaten wohl nicht auf Verständnis gestoßen. So war das mit meiner Chefin, irgendwie hatte man doch immer das Gefühl, ihr dankbar sein zu müssen.

Das zweite Problem, das sich aus der geplanten Fahrradtour ergab, war, dass ich kein Fahrrad hatte. Wir klapperten Patricks Freunde ab, aber es fand sich nichts Brauchbares. Besonders anspruchsvoll war ich nicht, aber ich wollte nun auch nicht mit einem Damen-Dreigangrad eine einwöchige Fahrradtour in die Laurentides machen, genauso wenig wie mit einem Hollandrad, das auf dem Plateau Mont-Royal sicherlich gut ankam, sich für längere Strecken aber eindeutig nicht eignete. Marc war stolzer Besitzer eines solchen Fahrrades – ich glaube, es hatte wirklich nur einen Gang – und bot es mir großzügig an. Er könne durchaus eine Woche darauf verzichten, er müsse die Frauen dann eben mit etwas anderem beeindrucken als mit seinem tollen Fahrrad. Aber ich sah mich schon Kilometer hinter unseren Freunden und Patrick mit hochrotem Kopf in die Pedale treten und einfach nicht vorwärtskommen. Ich sah das natürlich sowieso schon kommen, das war selbst mit dem tollsten Fahrrad wohl unvermeidbar, trotzdem musste ich mir das Leben auch nicht unnötig schwer machen. Ich lehnte dankend ab. Dann musste ich mir eben ein gebrauchtes kaufen, ein neues war bei meinem Gehalt erst einmal ausgeschlossen. Der Drahtesel, der mich durch die Laurentides bringen würde, war pastellgrün, verfügte über achtzehn Gänge und war wahrscheinlich Ende der Achtziger produziert worden. Ich würde niemanden damit beeindrucken, aber notfalls konnte ich es auf das Fahrrad schieben, wenn ich alle aufhalten würde.

Das dritte Problem war das mit den Bären. Ich hatte im Internet recherchiert, Wochen vorher schon. Mit Patrick konnte ich über meine Phobie nicht reden. Er würde mich nur auslachen, andere Quebecer wohl auch. Tatsächlich las man manchmal, dass die Chancen, auf einen Bären zu treffen, so hoch lagen wie die, in der Lotterie zu gewinnen. Das überzeugte mich nicht. Es gab schließlich ständig glückliche Gewinner. Die Recherchen über die richtige Verhaltensweise bei Kontakt mit diesen Tieren hatten mich nun wirklich auch nicht überzeugt. Vielleicht konnte man vorbeugen? Meine Recherchen ergaben, dass es tatsächlich einige Dinge gab, die man tun oder besser lassen sollte:

Zum Beispiel war es nicht sehr ratsam, Nahrungsmittel im Zelt zu lagern, zumindest nicht, wenn man sich darin aufhielt. Selbst die Kleidung, die man beim Kochen getragen hat, sollte man vorsichtshalber nicht mit ins Zelt nehmen. Teller, Gläser, Besteck waren unmittelbar nach dem Essen abzuwaschen. Lebensmittel sollte man in einem Beutel zwischen zwei Bäumen aufhängen. Diese Bäume sollten idealerweise eine bestimmte Höhe haben und einen gewissen Mindestabstand zueinander. Bären haben eine sehr gute Nase und können Lebensmittel aus einer Entfernung von fünf Kilometern wittern. Es war also sinnvoll, die Tiere abzuschrecken, indem man einen rasselnden, klirrenden oder knisternden Gegenstand an einen Baum hängte. Auch auf Ausflügen empfahl es sich, ein Glöckchen mitzunehmen und es hin und wieder zu betätigen. Und eine Frau, die ihre Tage hatte, sollte besser nicht an den Ausflügen teilnehmen, ein Bär würde sie als verwundete Beute deuten, was fatale Folgen haben könnte.

Schön, das würde ja ein ganz entspannter Urlaub werden, bei all dem, was es da zu beachten gab! Lara half mir auch nicht gerade dabei, die Sache lockerer zu sehen, als sie ganz beiläufig erwähnte, dass ihre Tante in Saint-Donat – in den Laurentides – einen Bären in ihrem Garten gesehen hatte und dass es dieses Jahr wohl besonders viele gäbe. Kanadier sprachen über Bären wie wir über eine Hasenplage.

„Oh, ich dachte, das kommt nie vor, dass sie in die Nähe eines Dorfes kommen. Dann sollten wir das wohl lieber lassen mit dem Ausflug."

Sie lachte. „Ach Quatsch, warum solltet ihr denn nicht gehen? Ich kenne außer meiner Tante niemanden, der schon einmal einen Bären gesehen hat, und ihr ist das auch zum ersten Mal passiert. Außerdem liegt ihr Chalet nicht im Dorf, sondern irgendwo ganz verloren an einem See. Die haben doch eigentlich Angst vor Menschen. Ihr müsst eben laut sein, so einen Bären sollte man auf gar keinen Fall überraschen. Bärenmütter sind ganz besonders gefährlich, wenn sie auf ihre Kleinen aufpassen." Sie machte kurz eine Pause, überlegte und fuhr dann fort. „Aber wie gesagt, ihr werdet schon keine sehen. Ihr solltet euch lieber gegen die Stechmücken wappnen und entsprechende Mittel kaufen. Im Juni sind sie ganz besonders aggressiv. Ich sage dir, diese kleinen Dinger sind die Hölle auf Erden."

Das fand ich nun übertrieben. Ein Stechmückenschwarm im Zelt war mir lieber als ein Bär in fünfhundert Meter Entfernung.

Ich war sehr naiv.

Das vierte Problem war unsere klägliche körperliche Verfassung. Petra und Markus würden in Hochform sein, hatten sie doch erst eine kleine Fahrradtour in der Toskana hinter sich, sechshundert Kilometer in vier Tagen. Es blieb uns nicht mehr viel Zeit, um dieses Problem anzugehen. Wir fuhren ein paar Mal den Mont Royal hoch und wieder runter, dabei waren wir nicht die Einzigen, die hier „trainierten", viele Radfahrer grüßten uns freundlich, aber ich hatte nicht einmal die Kraft, zurückzugrüßen. Vielleicht sollten Markus und Petra ein Kartenspiel mitnehmen, dann hätten sie oben auf den Berggipfeln einen kleinen Zeitvertreib, während sie auf uns, vor allen Dingen aber auf mich, warteten.

Und dann mochte ich mir nicht mehr den Kopf zerbrechen, freute mich einfach nur auf meinen Besuch, darauf, endlich einmal wieder Deutsch sprechen zu können. Unsere Fahrradtour stellten wir an den Anfang ihrer Reise, dann konnten sie sich danach noch ein paar Tage entspannen, wenn ich auch daran zweifelte, dass die Tour für sie eine Anstrengung bedeuteten würde. Die Reise begann vor unserer Haustüre, und unsere erste Etappe war Saint-Jérôme, von dort aus würden wir dann den *Petit Train du Nord* nehmen, eine zweihundert Kilometer lange ehemalige Eisenbahnstrecke, die heute zum Wandern und Radfahren diente.

***

Es war ein seltsames Gefühl, mit Petra und Markus durch die Straßen Montreals zu fahren. Petra kannte ich noch aus der Grundschule, wir hatten die Pubertät zusammen überstanden. Nie wäre es uns in den Sinn gekommen, dass sie mich eines Tages in Montreal besuchen würde, weil ich dort mit einem Kanadier zusammenlebte. Seltsam, wie die Dinge sich manchmal entwickeln. Wohin würde es mich wohl in zehn Jahren verschlagen? Vielleicht würde ich dann in einem unabhängigen Quebec leben.

Wahrscheinlich war das allerdings nicht, denn Ottawa tat

einiges, damit es nicht dazu kam. Natürlich konnte es nicht im Interesse Kanadas sein, ein Drittel seiner Bevölkerung zu verlieren. Deshalb hatte Ottawa ein Gesetz über die *clarté sur la majorité* verabschiedet, das definieren sollte, unter welchen Umständen eine Unabhängigkeitserklärung möglich sein sollte. Zu gefährlich war das 1995 gewesen, man beschloss, dass es verfassungswidrig sei, wenn Quebec sich eigenmächtig vom *ROC* loslöste. Bei einem nächsten Volksentscheid musste es eine eindeutige Mehrheit geben. Definiert hat diese eindeutige Mehrheit bis heute allerdings niemand. Quebec schmollte. *„Je me souviens"*, „Ich erinnere mich", stand auf den Autokennzeichen.

„Woran eigentlich?", fragte Petra plötzlich, als die Autos an uns vorbeibrausten und wir uns auf der Behelfsspur ganz klein vorkamen.

„Ja, woher kommt das eigentlich, Patrick?"

„Hm, keine Ahnung."

„Du weißt das nicht?"

„Nein, müsste ich mal nachforschen."

„Je me souviens", das hörte sich nach einem einschneidenden Ereignis an. Ich ging davon aus, dass jeder Quebecer das im Kindergarten lernte, aber das war wohl nicht so. Vielleicht hatte Marc oder irgendjemand anderes ein besseres Gedächtnis, man musste der Sache jedenfalls auf den Grund gehen.

„Also, ab morgen dürfte das etwas angenehmer werden. Die Route 117 ist wirklich eine furchtbare Straße." Auch Patrick schien unserem Besuch gegenüber ein schlechtes Gewissen zu haben. Die erste Etappe unserer Tour würde sich nicht als spektakuläre Naturerfahrung in ihre Erinnerung einprägen. Aber die beiden machten einen durchaus zufriedenen Eindruck. Es war auch alles anders. Wir fuhren auf einer stark befahrenen, großen Straße; sicher hätten sie dafür nicht den Atlantik überqueren müssen, die gab es auch in Deutschland. Und doch war alles anders. Die Straße glich einem kerzengeraden, breiten Strich mitten in einer unendlich weiten Landschaft. Die Autos waren größer. Hin und wieder sah man Läden am Straßenrand, die man wohl nur mit einem Auto aufsuchte, anders schien es gar nicht zu gehen. Dann kam eine Zeit lang wieder nichts, dann der ein oder andere Bauernhof. Alles war größer und weiter. Es hatte etwas von einem amerikanischen Film, den man in Kinder- und Jugendtagen nachmittags angeschaut hatte und in dem die Farben strahlender und bunter schienen als in der deutschen Sendung, die zeitgleich auf einem anderen Sender ausgestrahlt wurde.

Viel mehr waren unsere Freunde wohl von der Kilometerzahl enttäuscht, bis nach Saint-Jérôme sind es gerade mal sechzig Kilometer, was mir sehr entgegenkam. Die Sonne hatte mir etwas zugesetzt, und ich hatte ja auch das schlechteste Rad von uns allen. Das Städtchen hatte nicht viel zu bieten, aber wir fanden ein nettes Café, in dem wir Pause machen wollten, bevor wir zum Campingplatz weiterfuhren.

„Wir gehen mal, ihr müsst euch ja nicht um alles kümmern." Sie meinten es gut und wollten die Bestellung an der Theke aufgeben. Aber es dauerte nicht lange und sie kamen mit hochroten Köpfen wieder an unseren Tisch.

„Es sieht ganz so aus, als müsstet ihr doch immer alles machen, wir kommen da drin mit unserem Englisch nicht weiter."

Wir kamen trotzdem zu unserem Kaffee und unseren Sandwiches, denn die Bedienung bemühte sich zu uns an den Tisch, entschuldigte sich dafür, die beiden nicht verstanden zu haben, und lauschte aufmerksam unseren Wünschen, als Patrick alles noch mal auf *Québécois* bestellte.

Auf der Terrasse erregten wir Aufsehen, vor allem aber, weil wir Deutsch sprachen. Radfahrer mussten dort häufiger zu sehen sein, denn der *Petit Train du Nord* ist eine beliebte Strecke für Radtouren: Es gab nämlich so gut wie keine Steigungen. Wenn man schlecht ausgerüstet ist, so wie ich das mit meinem pastellgrünen Fahrrad war, weiß man das zu schätzen, und wenn man gerne Donuts mit Ahornsirupglasur isst, auch. Jedenfalls erfuhren wir, dass es mehrere Wege gab, um vom Campingplatz zum alten Bahnhof und dem Beginn der Fahrrad- und Wanderstrecke zu gelangen, und jeder im Café schien den kürzesten und besten Weg zu kennen. Ich war müde und wollte nur noch schlafen, am nächsten Tag wollten wir fast hundert Kilometer fahren.

Unsere nächste Etappe, der Weg zum Mont Tremblant, war ein zweihundert Kilometer langer Kieselweg, der durch das Gebirge führte. Wir hatten keine Gelegenheit, uns zu verfahren, und das Wetter war auch auf unserer Seite, die Hitze erträglich, weil wir meistens durch den Wald fuhren. Hin und wieder kamen wir an einem See vorbei, gönnten uns Pausen, mit der Zeit allerdings immer kürzere, weil die Stechmücken aggressiver wurden. Dieser Umstand erklärt vielleicht auch, weshalb wir erstaunlich schnell ans Ziel gelangten, beziehungsweise weshalb wir erstaunlich schnell fast ans Ziel gelangten: Denn nur einen halben Kilometer vor der Ausfahrt zum Mont Tremblant platzte Patricks Hinterreifen, und zwar so, dass man mit Flickzeug nicht viel machen konnte. Offensichtlich waren seine Bremsen falsch eingestellt und rieben am Hinterreifen statt an der Felge. Diese Diagnose lieferte uns Markus, der mit fachmännischem Blick den Schaden erkundete. Was weder Markus noch sonst irgendjemand in der Gruppe sagen konnte, war, wie wir den Schaden wieder beheben würden. Wir verließen den Petit

Train du Nord und schoben die Fahrräder auf eine Landstraße in der Nähe.

„Und nun?“ Petra wagte auszusprechen, was wir alle dachten.

„Ich weiß auch nicht, vielleicht sollten wir die Straße ein Stück entlanggehen, vielleicht kommt bald ein Haus oder eine Hütte oder irgendwas. Oder vielleicht kann einer ein Stück vorfahren und gucken, ob es irgendwo irgendetwas gibt.“ Patrick schaute dabei mich an. Petra und Markus würden mit ihrem Englisch sowieso nicht weit kommen, wenn sie denn je auf jemanden träfen, und Patrick konnte auch nicht mit meinem Fahrrad fahren, weil es viel zu klein für ihn war, und Markus klammerte seines fest, als ob es ihm jeden Augenblick jemand entreißen wollte. Nun gut, dann fuhr ich eben ein Stück weiter, so würde ich wenigstens der Mückenplage entkommen. Patricks Reifen nahm ich mit, für den eher unrealistischen Fall, eine Fahrradwerkstatt zu finden.

„Also, bis gleich dann.“ Wer weiß, vielleicht würde ich sie nie wiedersehen, vielleicht würde ich einer Bärenmutter begegnen und sie würde mich in Stücke reißen. Es war ruhig, ich begegnete niemandem und bekam es langsam mit der Angst zu tun, denn wenn etwas passieren sollte, würde es nie jemand mitbekommen. Ich war hier mitten im Nirgendwo. Und wenn ich an die „Wie-wehre-ich-mich-wenn-ein-Bär-mich-angreift-Theorien“ schon nicht geglaubt hatte, als ich noch vor dem Computer saß, dann jetzt erst recht nicht. Lara hatte mir noch erzählt, dass das Geräusch eines fahrenden Fahrrades schon ausreichend war, um einen Bären abzuschrecken. Dieser Gedanke beruhigte mich für einige Sekunden. Aber vielleicht wollte sie auch nur nett sein. Ich steigerte mich in meine Angst rein und merkte gar nicht, dass hinter mir ein Auto herfuhr. Als es mich eingeholt hatte, ließ der Beifahrer das Fenster runter und rief mir etwas zu. Ich hielt an, das Auto auch. Ein Mann, Mitte fünfzig, schaute heraus. Auf der hinteren Bank saß ein Junge.

„Was machen Sie denn?" Er zeigte auf den Reifen, den wir notdürftig auf meinem Gepäckträger festgemacht hatten.

„Ach, wir machen eine Fahrradtour und da ist bei meinem Freund der Hinterreifen geplatzt. Wissen Sie zufällig, wo ich hier eine Fahrradwerkstatt finden kann?"

„Na ja, mein Sohn kann ganz gut mit Fahrrädern umgehen."

Sein Sohn sah aber höchstens wie dreizehn aus, und ich wollte lieber in eine Werkstatt.

„Sie haben Glück, wir haben hier tatsächlich eine Fahrradwerkstatt in der Nähe. fünfzehn Kilometer entfernt von hier. Aber Sie sollten nicht mutterseelenallein Fahrrad fahren, heute Morgen wurde hier in der Gegend ein Bär gesichtet."

„Nein, wirklich?" Mir wurde schlecht.

„Ja, und gestern wurde unsere Katze von einem Bären zerfleischt. Ich sage Ihnen, ich arbeite seit zwanzig Jahren für den Park Mont Tremblant und bin einiges gewohnt und früher hatte ich auch einigermaßen Vertrauen in diese Tiere, aber heute traue ich keinem Schwarzbären mehr über den Weg. Also, wenn Sie möchten, fahre ich Sie dorthin."

Ich zögerte. Aktenzeichen XY hatte mich wirklich sehr geprägt. Und wenn dieser Mann mich belog und mich nur in sein Auto locken wollte? Die Angst vor Bären war stärker: Ich nickte ihm zu, wir luden das Fahrrad auf den Pick-up und fuhren los.

„Also, heute habe ich frei. Aber normalerweise arbeite ich im Park."

„Hm." Ich war nicht sehr gesprächig.

„Furchtbar, das mit unserer Katze. Mein Junge hatte sie so gern."

„Ja, ist wirklich traurig."

„Mein Sohn verbringt viel Zeit in der Werkstatt. Er will später einmal Fahrradmechaniker werden."

Ich drehte mich um, der Junge strahlte mich an.

„Wo kommen Sie denn her?"

„Aus Deutschland."

„Aha."

„Ja."

„Und wie lange bleiben Sie?"

„Na ja, eventuell etwas länger, ich bin mit einem Quebecer verheiratet."

„Das ist gut."

Wir fuhren durch ein kleines Dorf und verschwanden dann wieder im Wald.

„So, da sind wir."

Wir hielten vor einem alten Haus auf einer Anhöhe, von der man einen großartigen Blick auf Wälder und Wiesen hatte. Das, was wohl einmal eine Garage war, diente nun als Fahrradwerkstatt. Der Mechaniker stand in seiner Werkstatt und mein Lebensretter erklärte ihm, was vorgefallen war.

„Also eigentlich brauche ich das Fahrrad dazu, denn so wie das hier aussieht, sind die Bremsen falsch eingestellt."

„Ja, aber es steht jetzt mit Besitzer und zwei Freunden an einer Ausfahrt des *Petit Train du Nord.*

„Schlecht, ganz schlecht. Ich kann das schon reparieren, aber in ein paar Stunden werdet ihr das gleiche Problem haben."

Mein Lebensretter zögerte nicht lange.

„Ich hol' den Rest ab, mit den Rädern."

„Das ist aber wirklich sehr nett von Ihnen, vielen Dank." Mehr fiel mir in dem Moment nicht ein, ich war ihm so dankbar. Eine halbe Stunde später hatte er die anderen abgeholt und die kleine Werkstatt war voll.

„Die hatten schon ein Zelt aufgeschlagen." Normand, mein Retter, lachte herzlich.

„Ja, die Stechmücken sind unerträglich, etwas Besseres ist uns nicht eingefallen, als ins Zelt zu flüchten."

„So schlimm wie dieses Jahr war das noch nie mit diesen Stechmücken. Eine wahre Plage ist das." Der Mechaniker begutachtete das Rad. „Hier, fertig. Gibt es sonst noch Probleme?"

Es gab sie noch, die guten, selbstlosen Menschen, aber sie versteckten sich tief in den Wäldern Quebecs. Ich fragte mich, ob ich meinen freien Tag für dämliche Touristen geopfert hätte, und gelobte Besserung – ganz allgemein.

Die restlichen Tage verbrachten wir mit Wandern, Radfahren und Schäfchenzählen im Zelt. Die Stechmücken trieben uns fast in den Wahnsinn, und ich überlegte mir, dass es wohl doch besser wäre, ganz kurz einen Bären in fünfhundert Meter Entfernung zu sehen, als den ganzen Tag von Moskitos verfolgt zu werden.

Eine Kanufahrt auf dem See trieb Patrick und mich dann noch an den Rand der Scheidung. Wir konnten uns nicht darauf einigen, wer daran schuld war, dass wir beständig im Zickzack fuhren. Patrick wollte nicht einsehen, dass es nur derjenige sein konnte, der hinten saß und steuerte, und das war nur mal er. Aber selbst diese kleine Episode war nichts im Vergleich zu den aggressiven Moskitos. Waren wir froh, als wir in den Bus nach Montreal steigen konnten!

***

Am 24. Juni, dem Tag des Saint-Jean-Baptiste, feierten die Quebecer ihre Nation. Und Petra und Markus hatten das große Glück, das noch mitzuerleben. Wir machten uns auf zum Mont Royal, wo Marc mit einigen Freunden ein Picknick organisiert hatte. Abends wollte er in den Parc Maisonneuve gehen, wo es ein Konzert geben sollte.

„Wieso denn ‚Nationalfeiertag'?", fragte Markus erstaunt, als wir uns auf den Weg zum Picknick machten. „Quebec ist doch keine Nation."

„Ja, aber sag das heute nicht allzu laut, das könnte sonst dein letzter Tag sein."

„Ehrlich?"

Markus schien nicht verstehen zu wollen, dass ich es nicht ganz ernst gemeint hatte.

„Sie meint das nicht so. Aber wann ist denn der richtige Nationalfeiertag?", fragte Petra.

„Am 1. Juli. Aber da ziehen alle um." Patrick sagte das mit voller Genugtuung, auch wenn es ihm angeblich immer nur um Montreal ging.

Petra schaute uns ungläubig an.

„Doch, doch, *er* meint das schon so."

Marc saß mit seinen Freunden schon da, als wir ankamen. Die Trommler, für die der Park berühmt war, waren auch schon da. Eine richtige Institution war das. Lara hatte mich einmal dorthin geschleppt, weil sie afrikanischen Tanz mochte ... Die Stimmung war immer sehr entspannt, auch wenn Montreal offiziell nicht Amsterdam war.

Marc oder einer von seinen Freunden hatte sogar an kleine Quebecer Fähnchen gedacht, aber das war auch das Einzige, das daran erinnerte, weshalb wir uns alle dort eingefunden hatten. Wir redeten und tranken und genossen das herrliche Wetter. Patrick und Markus spielten mit einigen anderen Volleyball.

„Kommt ihr heute Abend mit zum Konzert im Parc Maisonneuve?“, fragte Marc.

„Wer spielt denn alles?“

„Loco Locass, Richard Desjardins, Daniel Boucher, Paul Piché.“

Petra schien nicht so begeistert, am nächsten Tag würden sie wieder nach Hause fliegen.

„Ich glaube nicht.“

„Die Stimmung dort ist fabelhaft, dieses Jahr erwarten sie wieder bis zu 200 000 Leute.“

„Mal sehen, wir können das spontan entscheiden. Sag mal, du weißt das bestimmt, woher dieses *„Je me souviens“* kommt, oder?“

Marc runzelte die Stirn. „Nein, so ganz genau weiß ich das nicht, ehrlich gesagt. Aber es gibt tausend gute Gründe, sich zu erinnern.“

„Zum Beispiel?“

„Weil wir jahrhundertelang anders waren und das nicht nur geduldet, sondern auch ausgenutzt wurde; weil es in den Bereichen Bildung und Wirtschaft eine Riesenkluft gab zwischen den Anglophonen und Frankophonen. Wir waren die armen Bauern und Arbeiter, und sie hatten das Geld und die Bildung. Bis in die sechziger Jahre gehörten die Arbeitsbedingungen in Montreal zu den schlechtesten in ganz Nordamerika. Pierre Vallières hat damals ein berühmtes Buch geschrieben, das hieß den Titel trug *‚Les nègres blancs d'Amérique‘*, ‚Die weißen Neger Amerikas‘. Das leihe ich euch mal aus. Es gab wirklich großes Elend damals.“

„Lag das nicht einfach auch daran, dass die katholische Kirche das Bildungswesen organisierte und kein Interesse hatte, die frommen Quebecer gut auszubilden?“

„Das mag schon alles sein, trotzdem hat es niemanden interessiert, unter welchen Bedingungen wir lebten. Es ist durchaus praktisch, eine arbeitende, ungebildete Bevölkerung zu haben, die man ausbeuten kann."

„Und dann kam der Parti Québécois und führte uns ins Paradies", Patrick grinste. „Kommt jetzt, wir gucken mal, welche Musik im Paradies gespielt wird."

Juli

Am 1. Juli, am kanadischen Nationalfeiertag, haben die Quebecer Besseres zu tun, als Kanada zu feiern – sie ziehen um. Die Wohnungsverträge laufen in den meisten Fällen am 1. Juli aus und so wechseln etliche Montrealer an diesem Tag die Wohnung. Das mag Zufall sein, aber es wäre schon ein sehr großer Zufall, die Quebecer Nation eine Woche vor der kanadischen zu feiern und dann auch noch am kanadischen Nationalfeiertag umzuziehen. Auch unsere Freunde Lara und François wechselten ihre Bleibe und wir waren dazu auserwählt worden, ihnen zu helfen. Selbst wenn wir also zum alten Hafen hätten gehen wollen, wo die kanadischen Festivitäten stattfanden, wir hätten es nicht gekonnt. Anders verhielt es sich mit Eileen, sie sprach schon Wochen im Voraus von dem Fest und kannte das Programm bis ins kleinste Detail.

„Was, ihr geht da nicht hin? Das ist aber schade, Tom Cochrane tritt auf und noch jemand, ich glaube, der heißt Michel Pagliaro, kennt ihr den?“

„Ja, das ist der Quoten-Quebecer auf dem Fest“, antwortete Patrick.

Wir saßen am Frühstückstisch, Eileen knabberte an ihrer Banane und trank ihre Sojamilch und konnte es nicht fassen, dass wir nicht zum Fest gehen würden.

„Ja, leider ziehen unsere Freunde Lara und François um, und wir müssen ihnen helfen.“

„Na dann kommt doch danach, da ist den ganzen Tag und den ganzen Abend etwas geboten.“

„Wir werden bestimmt den ganzen Tag und den ganzen Abend mit Möbelschleppen beschäftigt sein."

„Da sind viele Montrealer heute, aber schließlich wurde das Fest für die Montrealer organisiert, ich finde es schade, dass da keiner hingeht."

„Ja, es ist wirklich sehr schade, aber wir können nun einmal nicht."

„Wieso müssen die Quebecer eigentlich immer aus der Reihe tanzen? Das ist einfach ein Fest."

Patrick schaute sie erstaunt an: „Vielleicht erinnerst du dich daran, dass Quebec die kanadische Verfassung im Jahre 1982 nicht einmal unterschrieben hat. Was bitte sollen die Quebecer heute feiern? Dass sie ihnen trotzdem auferlegt wurde?"

„Aber kanadische Subventionen sind willkommen, oder?"

„Wir zahlen auch ein paar Steuern, da steht uns hin und wieder auch ein bisschen Geld zu. Außerdem ist das auch alles egal, ich wollte nur mal kurz gesagt haben, dass es nicht so unverständlich ist, dass die Quebecer heute nicht singend und tanzend auf die Straße gehen."

Wie kompliziert die Beziehungen zwischen Quebecern und Kanadiern waren, würde man außerhalb Kanadas wohl nie verstehen. Kanada, das waren auch für Zeitungsleser meist nur Berge, Seen und Wälder. Kein Wunder stand einmal in einer Zeitung unter einem Foto verschiedener Staats- und Regierungschefs „unbekannter Mann", wo eigentlich der Name des kanadischen Premiers hätte stehen sollen. Eileen jedenfalls verging der Appetit, so dass sie an jenem Morgen keine halbe, sondern eine dreiviertel Banane in den Küchenschrank legte und wortlos in ihr Zimmer verschwand.

„Ich glaube, wir haben bald keine Mitbewohnerin mehr", flüsterte ich Patrick zu. Er hob seine Schultern.

„Wenn sie deswegen auszieht, kann man ihr wirklich nicht helfen."

Es war ein viel zu schöner, schwüler Tag, um bei einem Umzug mitzuhelfen, aber versprochen war versprochen. Und außerdem war nicht ausgeschlossen, dass auch wir eines Tages umziehen würden.

Als wir bei Lara und François im Viertel Hochelaga-Maisonneuve ankamen, war schon alles vorbereitet und wir mussten die Kartons und Möbel nur noch in den Kleinlaster tragen, den sie sich ausgeliehen hatten. Ihr Viertel genoss nicht den besten Ruf in der Stadt, aber die Mieten waren billig. Der Bau des Olympiastadions 1976 hatte den Charakter des Viertels nicht verändert, die erhofften positiven Folgen blieben aus. Ganz im Gegenteil, bis vor kurzem zahlte die Stadt noch die Schulden für ein Stadion ab, das nicht einmal rechtzeitig zur Eröffnungsfeier fertig gewesen war.

„Ich freue mich schon darauf, bald auf dem Marché Jean-Talon einkaufen zu können. Der ist nicht so schick wie der Marché Atwater, dafür aber so richtig schön multikulturell, da kann man Wurzeln und Gewürze und Produkte kaufen, deren Namen ich nicht einmal kenne und wahrscheinlich auch nicht aussprechen kann. Ihr müsst dann unbedingt auch mal in das Café ‚Derniers Humains' kommen, kennt ihr das?" Patrick nickte. „Ja, ist nett dort, da war Maria noch nicht, das können wir mal machen."

In ihrem neuen Viertel Rosemont/Petite Patrie würde es wahrscheinlich wirklich interessanter werden. La petite Italie befand sich dort ganz in der Nähe. Wenn sie also zusätzlich zu den exotischen Wurzeln und Pflanzen vom Marché Jean-Talon Lust auf italienische Delikatessen und auf einen guten Espresso hatten, dann war das überhaupt kein Problem.

Vor uns fuhren Matratzen auf Autodächern durch die Gegend, Männer schleppten schweißüberströmt riesige Kühlschränke und Waschmaschinen aus den Wohnungen oder in die Häuser, andere saßen auf den Treppen und gönnten sich bei Pizza und Bier eine Pause. Eigentlich war das eine witzige Sache, dieses kollektive Umziehen, es hatte etwas Motivierendes. Es hatte natürlich auch seine Nachteile, denn weil alle am selben Tag umzogen, schossen die Preise der Umzugsunternehmen und der Autovermieter in die Höhe. Lara und François hatten alles vorbildlich organisiert – was bei den beiden nicht wirklich immer der Fall war. François' Studentenvisum zum Beispiel würde nun bald ablaufen und die beiden hatten immer noch nicht beschlossen, was als Nächstes zu tun war. Ich war mir ziemlich sicher, dass auch sie heiraten würden, aber wie ich Lara kannte, würde das nicht ganz so simpel ablaufen wie bei uns, das würde schon etwas Größeres werden.

Es war schon dunkel, wir waren mit dem Umzug fertig und belohnten uns mit Pizza und Bier auf dem Balkon der neuen Wohnung. In der Ferne bot sich uns ein prächtiges Feuerwerksspektakel. François drehte sich eine Zigarette.

„Was wird da eigentlich gefeiert?"

Wir schauten uns grinsend an, nur der zerstreute Künstler aus der Provence hatte diese Frage stellen können. Eine Antwort bekam er nicht, denn eigentlich gab es auch keine Antwort darauf.

***

Meine Chefin trieb mich langsam in den Wahnsinn. Als sie mich eines Tages darum bat, die Koffer für ihre Reise nach Cayo Coco in ihr Auto zu schleppen und das Auto dann vor das Bürogebäude zu fahren, hatte sie das Fass zum Überlaufen gebracht. Mehr Demütigungen konnte und wollte ich nicht ertragen. Ich wartete eigentlich nur noch auf einen günstigen Augenblick, ihr meine Kündigung vorzulegen. Aber noch mehr als auf diesen günstigen Augenblick wartete ich auf eine Eingebung, wie es dann weitergehen sollte. Würde ich wirklich einen viel besseren Job finden? Wo sollte ich mich bewerben? Sollte ich vielleicht wieder an die Uni gehen? Das ging mir alles durch den Kopf, als ich mich nach der Arbeit zum Jazzfestival aufmachte, um mich mit Marc zu treffen. Nachmittags war zwar nicht viel geboten, aber auf irgendeiner der Bühnen würde schon eine Band auftreten. Es war wieder heiß und schwül und somit genau das richtige Wetter für ein Jazzfestival. Ich sah Marc auf den Treppen der Place des Arts sitzen, inmitten einer ganzen Schar von Leuten, die sich nach dem Arbeitstag noch etwas auf dem Festival entspannten oder die sich von dem Stress erholten, den ganzen Tag nichts zu tun gehabt zu haben.

„Salut." Marc schien bester Laune zu sein.

„Salut." Meine Stimmung war nicht ganz so gut.

„Gestern war ich bei euch zu Hause, war aber keiner da. Da hat mir eure Mitbewohnerin aufgemacht." Er schaute mich erwartungsvoll an.

„Gestern? Keine Ahnung, vielleicht waren wir ein Bier trinken."

„Ich wollte dir nur kurz das Buch von Pierre Vallières vorbeibringen. Deine Mitbewohnerin hat es dann entgegen genommen." Irgendwie war er seltsam, so aufgedreht, und er schien immer noch auf eine Antwort zu warten.

„Das ist nett, danke. Ich habe Eileen gestern gar nicht gesehen, sie wird es mir dann bestimmt geben."

„Ach, sie heißt Eileen, ja?"

„Ja, wieso?"

„Ach, nur so. Sie scheint nett zu sein, eure Mitbewohnerin, warum kommt ihr denn nicht so gut mir ihr aus?"

Ich musste lachen. „Sag mal, hast du dich in sie verguckt?"

Marc wurde rot und schüttelte empört den Kopf. „So schnell geht das doch nicht, dazu braucht man Zeit."

„Soso. Was ist eigentlich mit deiner Affäre von neulich?"

„Welche Affäre? Ach so, das. Das war eben nur eine Affäre, aber ich glaube, *sie* wollte mehr, irgendwie muss sie mich missverstanden haben."

„Vielleicht hast du dich nicht deutlich ausgedrückt."

„Ich kann mir nichts vorwerfen, ich habe ihr bestimmt keine ewige Liebe geschworen."

„Bist du dir da sicher?"

„Ja, wieso?"

„Na ja, du wirst es wissen. Ich finde das nicht gut, wenn man durch die Gegend zieht und Frauen tolle Sachen ins Ohr säuselt, die man gar nicht meint. Manchen Leuten sind Worte eben wichtig, verstehst du?"

Marc schaute mich ganz verblüfft an und ich war selbst etwas erstaunt. Seine Bettgeschichten gingen mich nun wirklich überhaupt nichts an.

„Tut mir leid, ich hatte einen wirklich schlechten Tag auf der Arbeit."

„Schon gut, ich hole mal was zu trinken."

Aber die Stimmung war am Tiefpunkt angelangt, denn ich hatte ein schlechtes Gewissen, und Marc war so sanft wie ein Lamm geworden und sagte gar nichts mehr.

„Ich glaube, ich gehe dann langsam nach Hause."

„Aber die spielen doch noch und sie sind gar nicht so schlecht."

„Ja, aber ich habe irgendwie keine Lust mehr, das war heute wirklich ein furchtbarer Tag. Kannst ja mitkommen, vielleicht ist Eileen zu Hause." Ich zwinkerte ihm zu und meinte das eigentlich als Spaß, weil ich unser Treffen auf einer etwas weniger ernsten Note beenden wollte.

„Hm, ja, warum nicht. Wenn's dir nichts ausmacht?"

Es machte mir eigentlich schon was aus, ich wäre lieber alleine gewesen, um über meine Zukunft nachzudenken, aber vielleicht konnte ich damit meinen kleinen Ausrutscher wiedergutmachen.

„Nein, ist schon in Ordnung. Aber sag' mal, Eileen gefällt dir ja tatsächlich."

„Ich fand sie sympathisch."

„Ich warne dich, sie ist eine richtige Kanadierin."

„Ja, aber sie kommt aus Vancouver, das geht noch."

Von der Place des Arts bis zu uns waren es gerade einmal fünf Minuten. Wir gingen die Treppe hoch. Aber von Eileen war nichts zu sehen.

„Tja, schade. Willst du vielleicht was trinken?" Ich konnte ihn unmöglich gleich wieder wegschicken, nur weil sie nicht da war, begann aber auch darüber nachzudenken, wie Patrick das finden würde, wenn er jetzt nach Hause käme. Aber es ließ sich ja alles erklären. Ich holte zwei Bier aus dem Kühlschrank.

„Sag mal, und in welcher Sprache wachsen eure Kinder dann auf …?"

„Kinder? Ich kenne sie nicht einmal."

„Ja trotzdem, gewisse Dinge muss man sich vorher überlegen, das Gesetz 101 sagt ganz eindeutig, dass Kinder in eine französische Schule geschickt werden müssen, es sei denn, einer der beiden Elternteile ist anglophon. Sie wird ihr Kind auf Englisch großziehen und auf eine englische Schule schicken wollen und du wirst auf dein *Québécois* pochen."

„Also ich finde das wirklich etwas absurd, mir den Kopf über ein Kind mit Eileen zu zerbrechen."

„Ich versuche mir nur vorzustellen, wie das so wäre."

„Na dann würde es eben beide Sprachen perfekt sprechen."

„Der kanadische Traum! Das gute Mädchen von der Westküste, das sich in den Jungen von der Ostküste verliebt und viele, viele kanadische Kinder mit ihm zeugt." Ich hob meine Bierflasche und wollte darauf anstoßen.

„Also erstens bist du böse, und zweitens – warum redest du eigentlich die ganze Zeit über Kinder?"

Ich musste lachen. „Keine Ahnung."

„Hat sie eigentlich einen Freund?"

„Ich glaube nicht, aber wir reden ehrlich gesagt nicht viel miteinander."

Schon seltsam, dachte ich mir, dass sich Leute, die man mag, in Leute verlieben, die man nicht so mag. Und während ich so tiefgründige Überlegungen anstellte und der Musik vom Jazzfestival lauschte, die man bei uns auf dem Balkon hören konnte, kam jemand die Treppe hoch. Wir schauten uns erwartungsvoll an, aber dann stand Patrick auf dem Balkon und nicht etwa Eileen, genau so, wie ich mir das eben vorgestellt hatte. Ich fragte mich, ob der Tag denn auch irgendwann einmal enden würde.

„Hallo", sagten Marc und ich gleichzeitig. Es mag an der Situation gelegen haben, jedenfalls klang es betont unschuldig und fröhlich.

„Hallo, wie geht's?" Patrick ließ sich nichts anmerken, aber ich spürte schon, dass ihm das nicht passte, und irgendwie konnte ich das auch ein bisschen nachvollziehen. Marc schien sich auch nicht besonders wohl zu fühlen.

„Ich geh dann mal langsam, glaube ich."

„Aber wieso denn, der Abend ist doch noch so jung, und dein Bier ist ja noch ganz voll", stellte Patrick richtigerweise fest.

Ich sagte nichts und wünschte mir zum ersten Mal seit Bestehen unserer WG Eileen herbei, dann würde sich die grundlos angespannte Lage vielleicht etwas entspannen.

„Ziemlich schwül heute." Marc versuchte es mit dem Wetter.

„Ja, wie immer um diese Jahreszeit."

„Wir waren kurz beim Jazzfestival", versuchte ich es nun, wohl wissend, dass Patrick sich nicht gerne über das Wetter unterhielt.

„Gut, da können wir bei Gelegenheit auch mal hingehen."

Das war auch keine gute Idee gewesen, sehr viel mehr fiel mir aber nicht ein.

Ich hörte es im Treppenhaus poltern und sprang auf. „Vielleicht ist das Eileen."

„Ja, und?" Patrick schaute mich verdutzt an.

„Na ja, sie könnte sich doch zu uns setzen und ein Bier trinken."

Ich ging in die Wohnung und machte unsere obere Eingangstüre auf, und Lara und François kamen mir entgegen.

„Hallo!", rief Lara fröhlich, „Wie geht's? Wir wollten gerade auf's Jazzfestival, kommt ihr mit?"

„Hallo, ähm, ja kommt doch erst mal rein, wir haben Besuch. Wollt ihr was trinken?"

Ich brachte Lara und François auf den Balkon, Marc redete immer noch vom Fest. Ich stellte die beiden vor, holte noch ein paar Stühle auf den winzigen Balkon und brachte Bier und Wein. Es war mir ganz recht, dass sie gekommen waren, das lockerte die Stimmung wieder etwas auf.

„Habt ihr denn noch Lust, aufs Jazzfestival mitzukommen? Die Band soll wohl ganz gut sein, richtiger New-Orleans-Blues." Lara schaute uns fragend an.

„Ja, warum nicht. Ist sowieso gleich hier ums Eck." Ich machte einen Anfang.

„Und dein Freund kann ja mitkommen, Patrick, wenn er noch nichts vorhat. Entschuldige, wie heißt du noch mal?"

„Marc."

Ich glaube nicht, dass Patrick ihn als seinen Freund ansah, aber er sagte nichts. Es sagte keiner so richtig etwas, Lara ergriff wieder das Wort: „Schön, was meint ihr, sollen wir los?"

Es polterte wieder auf der Treppe und diesmal konnte es sich eigentlich nur um Eileen handeln oder es war der Psychopath, Serienkiller oder sonstige Verbrecher, auf den ich nun schon seit Monaten wartete.

„Hallo." Eileen schaute auf den Balkon.

„Hallo Eileen, wie geht's, setz dich doch ein bisschen zu uns." Patrick schaute mich ganz verwirrt an und Eileen wirkte auch leicht überrascht. Dann sah sie Marc. Er lächelte ihr zu.

„*Oh no*, ich habe das Buch ganz vergessen. Ich hole es gleich."

„Ach, das kannst du mir später geben, was möchtest du denn trinken?"

„Ich will nicht unhöflich sein, aber wir sollten los, sonst kriegen wir von der Band nichts mehr mit. Willst du vielleicht mit aufs Jazzfestival kommen?" Lara schaute zu Eileen hoch.

„Ja, komm' doch mit", schlug ich vor.

Eileen zögerte. Mit solch einer Begeisterung hatte man sie in der Rue de Bullion noch nicht willkommen geheißen.

„Ja, gerne."

Das Jazzfestival würde mit ungefähr 2500 Musikern aus aller Welt, 150 Konzerten in verschiedenen Konzerthallen in der Stadt und Open-Air-Konzerten auf der Place des Arts elf Tage lang den Rhythmus der Stadt bestimmen. Jazz, Soul, Blues, Folk, Afrobeat – es wurde alles geboten. Und weil Jazz,

Soul, Blues, Folk und Afrobeat ohne Alkohol ein bisschen zu kanadisch wäre, durfte man auf dem Jazzfestival sogar Bier und Wein unter freiem Himmel konsumieren, allerdings unter der strikten Maßgabe, dass man dass Festivalgelände auf gar keinen Fall damit verlassen durfte. Getränke wurden nur in Plastikbechern serviert, Glas war zu gefährlich.

Montreal war eine Stadt, in der alles gefeiert wurde, und so konnte man fast das ganze Jahr über irgendein Festival besuchen: *Montréal en lumière* (Februar) – ein Winterfest, das die Quebecer aus ihren Höhlen zu locken sucht, *Rendez-vous du cinéma québécois* (Februar) – wo nur Filme aus Quebec gezeigt werden, *Rencontres internationales du documentaire de Montréal* (November) – ein Dokumentarfilmfestival, *Cinemania* (Oktober) – ein anglophones Filmfestival, *Festival des films du monde* (August/September) – ein internationales Filmfestival für Jung und Alt, *FCMM* (Oktober) – ein Filmfestival eher für Jung, *Francofolies* (August) – ein Festival der frankophonen Musik, *Juste pour rire* (Juli) – ein großartiges Humoristenfestival, *Nuits d'Afrique* (Juli) – ein afrikanisches Musik- und Filmfestival, *Festival de jazz de Montréal* (Juni) – das hatten wir ja schon. Selbstverständlich steht die Provinz der Metropole in nichts nach. Auf dem Land feierte man den Schinken, die Kartoffel, den Apfel und die Nuss. Die Quebecer feierten gerne, so schien es mir.

„Seit wann bist du so erpicht auf Eileen?", fragte mich Patrick, als uns niemand hören konnte.

„Das bin ich nicht unbedingt, aber Marc ist es angeblich, und was macht man nicht alles für einen Freund."

„Wirklich? *Er* verliebt sich in eine Kanadierin?"

„Tja, Liebe macht blind. Mir soll's recht sein und dir doch bestimmt auch, oder?"

„Es ist mir ehrlich gesagt egal."

Wie es wohl sein würde, wenn Marc mir eines Morgens mit Boxershorts in unserer Wohnung entgegenkommen würde?

Lara hatte etwas zu trinken geholt.

„Patrick, warst du eigentlich in dem Jahr auf dem Jazzfestival, als der Cirque du Soleil auftrat? Das war super!"

„Klar. Es waren locker 200 000 Leute hier auf der Place des Arts gewesen."

„Das ist wirklich jedes Jahr etwas Besonderes. Nächste Woche ist es wieder so weit. Kommt ihr auch?"

Lara nickte.

Der *Cirque du Soleil* war eine weitere quebecer Institution, die ganz oben auf meiner Liste der noch zu besichtigenden Attraktionen stand. Dieser Zirkus war sogar schon nach Stuttgart gekommen – und das will viel heißen –, damals wusste ich allerdings nicht, dass er aus Quebec kam.

Marc war unterdessen zum Angriff übergangen. Er und Eileen standen ein wenig abseits, so dass ich leider nichts von ihrem Gespräch mitbekam. Über was unterhält sich wohl eine überzeugte Kanadierin mit einem überzeugten Quebecer? Ich tippte aufs Wetter. In jedem Falle muss es interessant gewesen sein, denn Patrick und ich gingen an jenem Abend alleine nach Hause, Marc und Eileen wollten noch etwas trinken gehen. François und Lara gingen in ihr neues Zuhause.

Diese Hitze war kaum zu ertragen. Selbst bei offenen Fenstern und Türen war nicht der Hauch eines Luftzuges in unserer Wohnung zu spüren, wir würden in jener Nacht ein Alternativprogramm zum Schlafen finden müssen.

***

Ich konnte es mir nicht nehmen lassen, wenigstens eines unserer Hotels zu besuchen, bevor ich kündigte, das schuldete mir diese Firma einfach. Das Hotel in Quebec bot sich da geradezu an. Meine Chefin war einverstanden; sie organisierte das Ganze und ließ mich das auch sofort spüren. Es war mir egal, ich würde nicht mehr sehr lange dort tätig sein. Und Quebec musste endlich auf meiner Liste abgehakt werden. Seltsamerweise schienen mir alle damit einen großen Gefallen zu tun, meine Chefin und auch Patrick, der nur widerwillig ein Wochenende für die Hauptstadt der Belle Province opferte.

Als wir in Montreal losfuhren, regnete es in Strömen, und wir erreichten das zweihundertfünfzig Kilometer entfernte Quebec bei Sonnenschein. Anders als in Montreal waren die Gebäude alle recht niedrig. Ausnahmsweise fanden wir unser Hotel schnell: Es lag außerhalb der Altstadt, die von dort aus allerdings gut zu Fuß erreichbar war. Monsieur Laplante, der Hotelbesitzer, empfing uns freudig, er hatte eines seiner besten Zimmer für uns reserviert, mit Blick auf das bekannte Schloss Frontenac. Er sagte „mit Blick auf das Schloss", aber von den vielen Türmen des Prachtschlosses sahen wir gerade zwei, und auch nur dann, wenn wir uns richtig aus dem Fenster lehnten. Er führte uns durch das ganze Hotel, erklärte uns, wie alles organisiert war, stellte uns dem Personal vor und lud uns am Abend zum Essen ins Restaurant ein. Er freute sich, dass endlich jemand aus der Reservierungszentrale in Montreal nach Quebec gekommen war, um seinen ganzen Stolz zu besichtigen – und es somit besser verkaufen zu können. Ich bekam sofort ein schlechtes Gewissen und war wieder einmal drauf und dran, meine Pläne zu ändern und mich weiterhin ausbeuten zu lassen.

„Ach, du wirst nicht die Erste sein, die nach so kurzer Zeit wieder kündigt, so wie sie mit ihren Arbeitnehmern umgeht."

Wir machten uns auf den Weg in die Altstadt, die von einer intakten Stadtmauer umsäumt wurde, was in Nordamerika eine Seltenheit ist, und im Jahre 1985 in das UNESCO-Weltkulturerbe aufgenommen wurde. Von einer Zitadelle aus wurde vor Jahrhunderten alles überwacht. Nun bot sie einen wunderbaren Blick auf den Sankt-Lorenz-Strom und auf die Stadt, die auf einem 110 Meter hohen Granitfelsen gegründet wurde. Der Sankt-Lorenz war hier noch beeindruckender als in Montreal, über 800 Meter breit und 40 Meter tief war er an dieser Stelle. Die Straßen der Altstadt waren verwinkelt, es wimmelte nur so von kleinen Cafés, Bistros und Boutiquen. Und sah man vom Sankt-Lorenz-Strom ab, so hatte man wirklich das Gefühl, in Frankreich zu sein.

Man war aber nicht in Frankreich, sondern dort, wo der Seefahrer Samuel de Champlain im Jahre 1608 einen kleinen Handelsposten gegründet und nach dem indianischen Wort für Flussengung (Quebecq) benannt hatte. Zwar hatte Jacques Cartier im Jahre 1534/35 das Sankt-Lorenz-Gebiet entdeckt und war auch bis nach Montreal gelangt, aber von der höchsten Erhebung der Gegend, dem „Mont Royal", sah er auch, dass der Fluss schmaler wurde und in unschiffbare Stromschnellen führte. In seinen Reiseberichten sprach Cartier auch von der überwältigenden Schönheit der Natur, die sich in den langen Wintermonaten in eine harte Probe für den Menschen verwandelte. Das Ganze geriet in Vergessenheit. Erst 1642 gründete Paul Chomedey de Maisonneuve die Siedlung Ville-Marie, das heutige Montreal. Ausgangspunkt für die systematische Erschließung Kanadas war jedoch Quebec geworden.

Quebec war ruhig, adrett und überschaubar. Vom farbenfrohen Mosaik der Kulturen der im Süden gelegenen Metropole war hier nichts zu spüren.

„Ist doch nett hier, was hast du nur gegen diese Stadt?“

„Sie hat kein Eishockeyteam.“

„Nein, im Ernst, was gefällt dir hier nicht?“

„Es ist mir zu traditionell, zu bürgerlich, zu klein.“

„500 000 Einwohner, das geht doch.“

„Könntest du dir denn vorstellen, hier zu leben?“

„Ich weiß nicht, ein Tag genügt wohl nicht, um das zu entscheiden, aber hässlich finde ich das hier nicht.“

„Nein, hässlich ist es wirklich nicht, aber das Lebensgefühl ist hier anders, die Mentalität ist anders, die Leute sind anders.“

„Sind sie nicht genau darauf stolz?“

„Ja, zu stolz für meinen Geschmack.“

Der Tag endete mit traditionellen Speisen aus Quebec. Erbsensuppe als Vorspeise, tourtière (Fleischpastete) und Pellkartoffeln als Hauptgericht und eine tarte au sucre (Zuckerkuchen) zum Nachtisch. Man konnte nicht umhin, an die Pionierzeit zurückzudenken und daran, dass sich nach solchen Speisen wahrscheinlich problemlos ein Baum fällen, ein Bär erlegen und über Feuerwasser und Biberfelle verhandeln ließ.

August

MEIN ENTSCHLUSS STAND FEST: Ich würde wieder an die Uni gehen. Da ich mein Französisch noch sehr lückenhaft fand – vor allem schriftlich –, beschloss ich, mich für Französisch einzuschreiben. Das war zwar eine teure Angelegenheit, aber wenn ich eines Tages interessantere Tätigkeiten ausführen wollte, als telefonische Reservierungen entgegenzunehmen und Autos vorzufahren, dann musste ich wohl die Sprache des Landes einigermaßen beherrschen. Hin und wieder kam es vor, dass ich auf Französisch träumte, die quebecer Variante verstand ich – von Extremfällen abgesehen – auch ganz gut, aber das Schreiben ließ noch zu wünschen übrig.

Außerdem würde sich mir dadurch eine neue quebecer Welt erschließen, die der Universität, und ich würde neue Bekanntschaften schließen, mich hoffentlich ein Stück weiter integrieren. Ich war hochmotiviert und freute mich schon darauf, meinem sinnlosen Büroalltag bald entkommen zu können.

Ich hatte in jenem Monat einige Entschlüsse fassen müssen, was für jemanden, der das eigentlich nicht kann, eine anstrengende Sache ist. Es war aufregend, wieder an die Uni zu gehen, und das hier, in Montreal! Aber an welcher Uni sollte ich mich einschreiben? Von Eileen hatte ich gelernt, wie man es nicht machen sollte, und deshalb beschloss ich, mein Französisch an einer frankophonen Uni zu verbessern. Ich hatte die Wahl zwischen der UQAM und der UdeM.

Letztere war die ältere und prestigereichere von den beiden. Die UQAM war erst Ende der sechziger Jahre gegründet worden, galt als praxisorientierter, jung und dynamisch. Vor allen Dingen aber war die UQAM nur ein paar Schritte von uns entfernt, das erleichterte die Entscheidungsfindung ungemein. Das Hauptgebäude, wo man Informationen einholen und sich Anmeldeformulare besorgen konnte, war in der Tat modern – ein riesiger, weißer Komplex mit Stahltreppen und großen Fensterfronten. Ich erhielt problemlos alle Informationen, und binnen weniger Tage war ich in meinem Kurs *français écrit* angemeldet. Man zahlte einiges für ein Semester, aber der Service war mit dem einer deutschen Universität auch nicht zu vergleichen. Ich weiß noch, dass ich an meinem ersten Tag an der Universität in Mannheim am liebsten in Tränen ausgebrochen wäre, so undurchsichtig war der Verwaltungsdschungel dort gewesen.

Das Semester begann Anfang September. Anfang August hatte ich mich in meinen Kurs eingeschrieben, so dass ich mit meiner Kündigung eigentlich noch hätte warten können, denn meine Kündigungsfrist belief sich laut *normes du travail* auf eine Woche. Aber ich wollte es hinter mich bringen und meinen Sommer genießen, am Canal Lachine Fahrrad fahren, mich an dem kleinen See auf dem Mont Royal sonnen, ein Buch im Parc Lafontaine lesen, in den Straßen bummeln, von einem Café zum anderen schlendern und auf der Formel-1-Strecke inlineskaten.

„Ich kündige."

Ich hatte ihr noch ein Muffin und einen Kaffee geholt – ich fand, das war ich ihr schuldig – und hatte ihr dann meine Kündigung vorgelegt.

„Pardon?"

„Ich kündige."

„Aber das geht doch nicht."

„Doch, das geht schon."

„Ausgerechnet jetzt, in der Hochsaison?"

„Ja."

„Du hast eine Woche Kündigungsfrist."

„Ich weiß."

„Ich habe wieder einmal einen Fehler gemacht, ich habe dir damals eine Chance gegeben, wer hätte dich schon eingestellt, als du frisch hier angekommen bist? Niemand! Warum bin auch nur immer so gutmütig, das wird mir nicht noch einmal passieren – das kann ich dir aber garantieren, das wird mir nie wieder passieren."

Ich ließ ihren Wutausbruch über mich ergehen, das kannte ich schon. Wie oft hatte sie sich am Telefon mit den Hotelbesitzern gestritten? Wie oft hatte sie den Kurierdienst unnötig angeschrien, weil er angeblich zu langsam gewesen war? Drei Tage schmollte sie. In dieser Zeit durfte ich ihr nicht einmal mehr Muffins und Kaffee bringen, sie kam morgens demonstrativ schon damit zur Arbeit. Man hätte sich öfter einmal streiten müssen, dachte ich mir, andererseits waren meine kleinen Ausflüge noch das Beste an diesem Job gewesen. Und ich kannte nun die quebecer Regionen auswendig. Am vierten Tag hatte sie den Schmerz dann überwunden, was wohl auch damit zusammenhing, dass sich die Suche nach einer Nachfolgerin für mich als erfolglos erwiesen hatte.

„Hast du denn schon einen neuen Job?"

„Nein, ich werde an die Universität gehen und Französisch studieren."

„Aha. Vollzeit?"

„Ja, sonst zieht sich das so lange hin." Viele Leute studierten Teilzeit und arbeiteten Vollzeit, für manche war das die einzige Möglichkeit, sich ein Studium oder eine Weiterbildung finanzieren zu können. Selbst Vollzeitstudenten arbeiteten nebenher, auch bei mir würde das der Fall sein.

„Na ja", sie stand vor dem Spiegel am Eingang und zupfte an ihrer Haarpracht, „wenn du hier als Aushilfe arbeiten möchtest, ließe sich darüber diskutieren."

Ich war mir nicht sicher, ob ich das wollte. Ich brauchte das Geld, das schon, und wenn ich ihr Angebot nicht annahm, musste ich mir einen anderen Job suchen, auch das war sicher.

„Danke für das Angebot, ich muss mal sehen, ob sich das mit meinen Kurszeiten vereinbaren lässt."

„Ja, überlege nicht zu lange, wir müssen hier bald eine Lösung finden und es gibt genug Leute, die einen Job suchen."

Sie hätte eigentlich Schauspielerin werden sollen, sie verschwendete ihre Zeit und die der Hotelbesitzer, die sie vertrat. Isabelle hatte mir erzählt, dass sich auf die Annonce, die sie aufgegeben hatten, nur wenige gemeldet hatten und dass davon keiner vorstellungsgesprächstauglich war.

„Alles klar, ich sag Ihnen bald Bescheid."

***

Das Verhältnis zwischen uns und Eileen oder vielleicht zwischen mir und Eileen hatte sich nicht grundlegend verbessert, seitdem sie jede freie Minute mit Marc verbrachte. Es hatte sich auch nicht grundlegend verschlechtert, sondern kennzeichnete sich weiterhin durch hartnäckige Gleichgültigkeit aus. Ihre halbe Banane brachte mich immer noch in Wallung, ansonsten war alles beim Alten und ich bezweifelte, dass sich das je ändern würde. Als sie mir schließlich eines Tages eröffnete, dass sie noch zum Monatsende hin ausziehen wollte, war ich weder besonders überrascht noch besonders traurig.

„Wo ziehst du denn hin?"

„Ach, ganz in die Nähe von McGill, da brauche ich dann nur noch fünf Minuten zur Uni."

„Das ist gut."

„Ja."

Als Erstes ging mir durch den Kopf, dass ich Marc wohl doch nie in Boxershorts sehen würde, obwohl ich mir ganz sicher war, dass das nur noch eine Frage der Zeit gewesen wäre. Und als nächstes überlegte ich mir, dass ich mich wohl doch auf den Pakt mit dem Teufel einlassen und weiterhin als Aushilfe für meinen Hotelverband arbeiten musste. Wenigstens würde es keinen Fliegenschwarm mehr geben, keine Telefonate mitten in der Nacht, keine englischen Nachrichtensendungen – obwohl ich zugeben muss, dass sich Marcs Einfluss in dieser Hinsicht bemerkbar gemacht hatte, denn ich habe sie tatsächlich dabei ertappt, wie sie ein paar Minuten lang *Radio-Canada* angeschaut und beim Frühstück in *Le Devoir* geblättert hatte.

***

Marc wiederum hatte sich binnen kürzester Zeit rargemacht, wie das eben so ist mit frisch Verliebten. Aber als ich ihn Wochen nach dem Jazzfestival traf, fielen die Wörter „Separatismus" und „Québec" nur noch am Rande und er schilderte mir die Welt in den buntesten und leuchtendsten Farben. Wieso er sich nun ausgerechnet in Eileen verlieben musste, weiß ich nicht, er sah jedenfalls glücklich aus und nach dem jähen Ende mit seiner Exfreundin und seinen unglücklichen Abenteuern in den Wochen zuvor gönnte ich ihm das von ganzem Herzen. Ich machte mir nur Sorgen um das nächste Referendum, denn schließlich zählte jede Stimme.

„Hier, schau mal."

Wir saßen im Garten des „Café Santropol" – mit der Zeit war es im „L'Utopik" einfach zu heiß geworden. Ich legte meine brandneue PQ-Mitgliedskarte auf den Tisch. Marc staunte.

„Wow, herzlichen Glückwunsch, hätte ich nicht gedacht!" Er lachte, als er meine Mitgliedskarte in die Hand nahm und sie sich genauer anschaute.

„Ja, jetzt, da deine Stimme wackelig geworden ist."

„Nein, nein, so wackelig ist sie nicht, aber ich müsste meine Mitgliedschaft mal wieder erneuern und dazu muss ich den Beitrag bezahlen."

„Dann bist du im Moment offiziell nicht einmal ein Mitglied?"

„Nein, aber ich habe gute Parteiarbeit geleistet, immerhin bist *du* jetzt dabei."

Ein bisschen enttäuscht war ich nun schon von meinem Vorzeigeseparatisten. Da saß er, mein erster eigener quebecer Freund und Trauzeuge, und ich hätte es nicht in Worte fassen können, aber irgendetwas hatte sich verändert.

„Wie geht es denn sonst so?"

„Ja, gut, ich habe ab September einen vollen Lehrauftrag an einer Schule. Wahrscheinlich gebe ich dann auch den Job bei der SAQ auf." Offensichtlich wollte er nicht über Eileen sprechen. Das war auch in Ordnung, es interessierte mich auch nicht – das heißt, doch, es interessierte mich schon, aber nicht so sehr, dass ich noch mal nachgehakt hätte.

„Wie läuft es bei dir?"

„Sehr gut, ich habe gekündigt und ich habe mich an der Uni eingeschrieben."

„Das sind ja Neuigkeiten! Und was studierst du?"

„Ich möchte gerne einen Abschluss in Französisch machen."

„Dein Französisch ist doch gut."

„Also perfekt ist es nun wirklich nicht, ich verstehe zwar schon viel besser als vor knapp einem Jahr, als ich ankam, aber im Büro ist es schon einige Male vorgekommen, dass ich Namen und Daten von Kunden am Telefon falsch verstanden und dementsprechend falsch notiert habe. Und ich lasse doch die Leute so ungern wiederholen. Das hatte zur Folge, dass der Kunde irgendwo in der quebecer Provinz vor einem ausgebuchten Hotel stand. Denn obwohl er sich sicher war, reserviert zu haben, konnte man keine Reservierung auf seinen Namen finden, dafür aber auf den seltsam klingenden Namen eines mysteriösen Kunden, der nie anreiste. Also mit den Namen und den Zahlen am Telefon habe ich noch erhebliche Probleme."

Marc grinste: „Deine Chefin wird sich gefreut haben."

„Oui, Monsieur! Und mein schriftliches Französisch lässt auch noch sehr zu wünschen übrig. In den Briefen, die ich aufgesetzt habe, waren doch einige Fehler. Zum Glück hat meine Kollegin mir geholfen und sie korrigiert. Nein, wirklich, mein Französisch ist weit davon entfernt, perfekt zu sein. Außerdem kann ich auch Literatur-, Geschichts- und Politikkurse belegen. Es geht glücklicherweise nicht nur um Rechtschreibung und Grammatik."

„Hört sich gut an. Schön, dass du das machen kannst, du schienst in dem Büro wirklich nicht sehr glücklich zu sein."

„Ja, sieht allerdings so aus, als würde ich noch als Aushilfe dort arbeiten müssen, nun, da Eileen auszieht und ich an die Uni will, brauche ich das Geld."

„Ich glaube, sie wollte es nicht mehr so weit zur Uni haben. Sucht euch doch eine neue Mitbewohnerin, bei eurer Wohnlage dürfte das doch kein Problem sein."

Am liebsten hätte ich gesagt, dass Eileen mir die Lust auf weitere Mitbewohner verdorben hatte, aber das ging nun nicht mehr.

„Ach nein, das wird auch so gehen, denke ich. Warum zieht ihr denn nicht zusammen?“ Ich lachte ihm verstohlen zu.

„Nein, das wollten wir, glaube ich, beide noch nicht. Wir haben uns doch erst kennen gelernt.“

„Jedenfalls scheinst du glücklich zu sein.“

Er zögerte ein bisschen und nippte an seinem Bier.

„Ja, das bin ich, jetzt zumindest, man wird sehen, wie lange das anhält. Und du, bist du glücklich?“

„Ich freue mich darauf, meinen Kopf endlich einmal wieder anstrengen zu müssen und etwas Neues zu entdecken, neue Leute kennen zu lernen.“

Wir saßen noch ein Weilchen in diesem kleinen Paradies, das an das portugiesische Viertel grenzte und eigentlich zum *Ghetto* gehörte. Die Kellner sprachen überwiegend Englisch, auch das Publikum war überwiegend anglophon und doch war das einer der Orte in der Stadt, in der das überhaupt nicht zählte. Der Garten schien wie aus einem Märchen. Die Blumen wuchsen wild durcheinander, ein kleiner Fischteich strahlte Ruhe aus, die Bäume durften ebenfalls so wachsen, wie es ihnen gefiel. Und obwohl der Garten ziemlich klein war und meist gut besucht, hatte man zuerst einmal Lust, tief durchzuatmen und sich zu entspannen, wenn man sich einen Platz ergattert hatte. Die Sandwiches und Salate im „Santropol“ waren keineswegs zu verachten, genauso wenig wie die Milchshakes. Ich hatte mir an jenem Tag ein dreilagiges Sandwich mit Frischkäse, einer würzigen Olivencreme, Honig und Nüssen gegönnt. Die Sache mit dem Abnehmen hatte ich mittlerweile aufgegeben, man lebt nur einmal!

***

Es war mir hin und wieder auch in Deutschland in den Sinn gekommen, dass man nur einmal lebt, aber dort, so schien mir, hatte man nicht unbedingt die Möglichkeit, nach diesem Motto zu leben. In Montreal fand man immer irgendeinen Weg, was wohl auch daran lag, dass man auch als Busfahrer gut gelaunt sein konnte, dass man als Lehrer einen Nebenjob bei der staatlichen Alkoholgesellschaft hatte, dass man arbeitete und sich doch noch einmal entschloss, an die Uni zu gehen, dass man am 26. Dezember einkaufen gehen konnte, dass man am Karfreitag arbeiten musste, dass die Arbeitslosenquote hoch war, dass die Mieten niedrig waren, dass es Menschen gab, die sich von heute auf morgen dazu entschlossen, in den Stand der Ehe zu treten.

„Wir werden auch heiraten."

Lara wirkte sehr müde, als sie uns besuchte; sie kam alleine, François war mit seiner Vernissage beschäftigt.

„Was ist das denn?" Sie warf einen Blick auf einen Zettel, der zwischen Brotkrümeln, aufgerissenen Briefen, alten Zeitungen und sonstigem Zeug auf dem Tisch lag: *„Je suis partie ...".*

„Ach so, das ist eine Nachricht von Eileen, sie ist ausgezogen und hat uns diese paar Zeilen hinterlassen."

„Wie, einfach so?"

„Nein, nein, sie hatte es uns schon vorher gesagt, aber als sie auszog, waren wir nicht zu Hause, das ist eine Art Abschiedsbrief", erklärte Patrick, auch er müde und abgespannt, er hatte gerade wieder einen Dreh hinter sich.

„Sucht ihr euch einen neuen Mitbewohner?"

„Nein!", riefen Patrick und ich wie aus einem Munde.

„Das war deutlich."

„Ihr heiratet also auch?", fragte ich.

„Ach so, ja. François hat es nicht geschafft, sich um sein

Visum zu kümmern, rein theoretisch muss er bis Ende des Monats ausreisen."

„Was meint François dazu?"

„Er weiß noch nichts von seinem Glück, ich musste das jetzt einfach in die Hand nehmen, sonst wird das nichts mehr. Ja und ich wollte euch fragen, wie das läuft, welche Formulare und Dokumente man einreichen muss und so weiter."

Eigentlich war sie ja die Anwältin, aber sie schien etwas überarbeitet und überfordert. Wir erklärten ihr, wie es bei uns abgelaufen war, und betonten noch einmal, dass das Ganze auch schieflaufen konnte."

„Ach, das wird schon. Ich glaube, wir heiraten auch nur standesamtlich, und ich glaube, ich habe da so eine Vorstellung, wer bei uns Trauzeuge wird", sie lächelte uns fröhlich an, „und gefeiert wird das Ganze auch, mit Familie und so, aber ich weiß noch nicht wo." Sie trank etwas von dem Saft, den ich ihr hingestellt hatte.

„Kommt ihr nachher mit zur Vernissage?"

„Wie lange geht die denn noch?"

„Die ganze Woche, ihr habt also noch Zeit."

„Ja, wir haben nämlich Karten für das *Festival des Films du Monde*.

„Mensch, habt ihr's gut, vom Jazzfestival und dem Festival *Juste pour rire* abgesehen, habe ich es auf kein Festival geschafft. Wart ihr denn auch auf den *Francofolies*?"

„Ja, waren wir, aber wir wohnen bei den meisten Festivals um die Ecke. Nächstes Jahr klappt das vielleicht eher, jetzt, da ihr euch der Zivilisation wieder genähert habt."

„Puh, ja, das lässt sich überhaupt nicht vergleichen, gefällt mir wirklich sehr gut in unserem neuen Viertel." Sie warf einen Blick auf ihre Uhr. „O Gott, ich muss los, womöglich sehen wir uns das nächste Mal auf meiner Hochzeit."

Ich weiß nicht, wie sie es geschafft hat, aber sie hat es geschafft: Zwei Wochen später standen wir als Trauzeugen im Palais de justice, es war etwas voller als bei uns und etwas lauter. Laras komplette Familie hatte sich eingefunden und die war nun wirklich nicht klein. Tanten, Onkel, Großtante, Großeltern, Cousine, Cousins und selbstverständlich die Eltern und die Geschwister. Ich erkannte das ein oder andere Gesicht wieder, das ich ziemlich genau ein Jahr zuvor am Flughafen gesehen hatte. Es war eine andere Anwältin als bei unserer Trauung, aber durch diese Kutte sahen sie alle gleich aus. Die Zeremonie fing an. Lara war ganz furchtbar nervös und fingerte unablässig an ihrem cremefarbenen Täschchen herum, auch François zeigte Anzeichen von Nervosität; wäre es es möglich gewesen, hätte er sich bestimmt eine Zigarette gedreht. Ich überlegte mir, wie verrückt es war, dass ich ein Jahr zuvor mit diesen Menschen im gleichen Flugzeug nach Montreal gekommen war und nun heute Laras Trauzeugin war. Ich hatte nichts oder sehr wenig über dieses Land und dessen Leute gewusst und hatte heute das Gefühl, dazuzugehören. Ich war glücklich und hatte das wohl nicht nur dem Land zu verdanken. Ich blinzelte zu Patrick hinüber, er lächelte mir zu.

Nach der Trauung machte sich die Hochzeitsgesellschaft auf ins „Café Lumière“, ein französisches Restaurant. Ich hatte mich ein Jahr zuvor nicht getäuscht, Laras Familie war temperamentvoll. Es wurde viel gelacht und getanzt. Die Familie hatte einen Akkordeonspieler organisiert, der der Gesellschaft nun mit quebecer Folklore einheizte, und einen Geschichtenerzähler, der für einige rührende Einlagen sorgte und mir Tränen in die Augen trieb. Immerhin feierte ich an jenem Tag auch mein einjähriges Ankunftsjubiläum und es war viel passiert in diesem Jahr.

Mein Leben hatte sich verändert, ich hatte mich verändert. Ich hatte eine neue Welt kennen und lieben gelernt. Neben mir saß ein Alien, für das ich einen Schuhkarton und den Mannheimer Wasserturm aufgegeben hatte, was ich wohl ohne mit der Wimper zu zucken wieder tun würde.

Reisen in den Alltag

Julica Jungehülsing

Ein Jahr in Australien

Reise in den Alltag – Band 5818

Julica Jungehülsing lebt in dem Land, in dem die Wüste rot ist, die Strände weiß und die Kinder vor dem Radfahren Surfen lernen. In diesem Buch erzählt sie von ihrem Alltag in Sidney.

Anna Regeniter

Ein Jahr in London

Reise in den Alltag – Band 5741

Mit Anfang 30 zieht Anna Regeniter in die schillernde Hauptstadt Großbritanniens. Selbstironisch erzählt sie vom Aufeinanderprallen ihrer Träume mit der Realität und ihrem komischen Alltag als Deutschlehrerin.

Silja Ukena

Ein Jahr in Paris

Reise in den Alltag – Band 5742

Paris – die Stadt der Liebe und der Literatur. Mit Anfang 30 zieht Silja nach Paris und macht sich auf die Suche: nach einer Wohnung, dem Mann fürs Leben und der besten Boulangerie der Stadt.

Sibylle Thelen

Istanbul – Stadt unter Strom

Gesichter der neuen Türkei – Band 3009

Die Türkei ist im Umbruch. Ungleichheiten und Spannungen beherrschen das Land. Brennpunkt dieses Geschehens ist Istanbul, wo Ostanatolien und die Moderne unvermittelt aufeinander treffen.

Jasna Zajcek

Ramadan Blues

Wie sich eine Berlinerin, ein Leipziger und ein Palästinenser aufmachen, den Nahen Osten kennenzulernen – Band 3010

Im Ramadan machen sich Jasna Zajcek, eine Journalistin, und ihr Freund, auf den Weg: Aus dem christlich-säkulären Berlin nach Amman. Eine Geschichte über Grenzen und wie man sie überwindet.

Mitreisend

Markus Fix / Sarah Pendzich

Radnomaden

Mit dem Fahrrad nach China – Band 5609

Ein faszinierender Bericht über die Begegnung von Orient und Okzident, über Reiselust und Reisefrust – vor allem aber eine atemraubende Entdeckungsreise. Ein Lesevergnügen ersten Ranges.

Freunde in der Fremde

Reisegeschichten aus aller Welt

Hg. von Markus Fix – Band 5695

Wer reist, lernt Fremde kennen. Und manchmal werden Fremde zu Freunden. Dieses Buch versammelt witzige und haarsträubende Geschichten aus aller Welt, die die Sicht auf die Welt verändern.

Richard Goodman

Mein Garten in der Provence

Eine Geschichte über Sonne, Arbeit, Tomaten und Zucchini

Band 5760

Ein wunderbares Buch über das Leben in einem kleinen französischen Dorf, über Sonne, Regen, harte Arbeit, Wein, reife Tomaten – und den richtigen Zeitpunkt zum Gießen.

Michaela M. Özelsel

Pilgerfahrt nach Mekka

Meine Reise in eine geheimnisvolle Welt – Band 5542

Michaela M. Özelsel schildert ihre Erfahrung der uralten Rituale. Ihr faszinierender Bericht beschreibt auch eine Reise ins eigene Innere – jenseits der Grenzen religiöser Tradition.

Britta Petersen

Wo die Götter leben

Alltag und Religion in Indien. Eine Reise – Band 5717

Indien – das Land der spirituellen Sucher aus dem Westen. Britta Petersen ist durch das Land im Umbruch gereist, um zu ergründen, wie es heute um die scheinbar sanften Religionen Indiens steht.

HERDER spektrum